多文化児童の未来をひらく

国内外の母語教育支援の現場から

松田陽子・野津隆志・落合知子 編

学術研究出版

目　次

序　章　　　　　　　　　　　　　　　　松田　陽子 …………3

第1章　多文化児童の母語育成をめぐる課題と言語教育政策
　　　　　　　　　　　　　　　　　　松田　陽子 …………8

第2章　中国帰国者子弟の母語意識の変容
　　　　　　　　　　　　　中山　尚子・松田　陽子 …………22

第3章　公立学校におけるベトナム語母語教室
　　　　　　　　　　　　　　　　　　北山　夏季 …………36

第4章　バイリンガルビデオレターによる教授法と
　　　　母語学習の動機づけ　　　　　落合　知子 …………50

第5章　『多文化な子どもの学び〜母語を育む活動から〜』
　　　　ウェブサイト開設　　　　　　久保田真弓 …………64

第6章　外国にルーツを持つ生徒と高校進学の壁
　　　　　　　　　　　　　　　　　　乾　　美紀 …………72

第7章　タイにおけるミャンマー児童への母語教育
　　　　　　　　　　　　　　　　　　野津　隆志 …………85

第8章　アメリカにおけるベトナム系住民の母語支援ネットワーク
　　　　　　　　　　　　　久保田真弓・北山　夏季 …………99

第9章　オーストラリアの「コミュニティ言語」教育
　　　　　　　　　　　　　　　　　　松田　陽子 ………114

第10章　カナダの母語資源育成のための教育実践
　　　　　　　　　　　　　落合　知子・松田　陽子 ………131

第11章　座談会：「母語学習支援─これまでの活動から
　　　　見えてきたこと、これからの課題」　　　………149

終　章　多文化児童とグローバル人材　落合　知子 ………168

プロフィール……………………………………………………174

序　章

松田　陽子

１．本書の趣旨

　海外から日本に移動してきた子どもたちをはじめ、複数の言語・文化環境にある子どもたちやその家族にとって、言語問題は毎日の差し迫った大きな課題である。彼らは生活や学習に必要な日本語習得だけでなく、家庭での親子間でのコミュニケーションのために母語と日本語のどちらのことばを家庭で使うべきなのか、母語を犠牲にして日本語力を伸ばすべきなのか、家族や祖国とのつながりの意識をどうやって深められるのか、子どもたちは学校での勉強や進学、就職のための言語をしっかり理解し、伸ばしているのか、など、数多くの不安や悩みに直面している。日本から海外に移動した家族たちからも、これらの問題に悩み、戸惑う声があちこちで聞かれる。

　子どもたちには、抽象的な思考をし、学校での学習力をつけ、感情をうまく表現できるような自分の柱となることばをしっかりと育成しなければならない。そうしないと、同化圧力の強い学校の中で萎縮しながら過ごし、自尊感情も持ちづらく、将来の進路や未来を切り開く力をつけることも困難になる。言語力の不足によって中学の学習についていけず、高校進学の壁を越えられない子どもたちも少なくない。一方、複数の言語・文化を身に付け、多文化社会を生きる力を獲得し、国境を越えてグローバルに活躍する人材として育つケースも多数見られる。

　本書では、注目されやすい日本語習得の課題の陰にあって、公的には光が当てられにくい母語の問題を考えるものである。母語を育てることは、

非常に複雑な様相を含み、幼児期から学齢期、青年期にわたって、子どもたちの成長にさまざまな影響を及ぼす課題である。そして、母語学習は、本人の努力だけでは伸張できないものであり、周囲がどのような学習支援をし、どんな社会環境作りをしていくかを考えていかなければならない。

母語の研究や、母語と日本語のバイリンガル育成については、日本ではまだ研究や実践の蓄積が少なく、一般の人々や学校の先生方、政策や指針を作成し運用する行政の方々にも、あまりよく理解されていない。そこで、まず、どういう課題があり、どんな研究がされていて、どんな対応をすべきなのかを考える基礎的な理解を深めるための第一歩として、筆者たちのこれまでの研究の中で注目してきたことを本書にまとめることとした。

「超多様性」ということばが使われるほど、これらの家族や子どもたちのことばの環境や学習力、アイデンティティの意識などは多様であり、同じ家族の兄弟姉妹でも、いろいろな違いが生じる。また、それは社会のあり方にも左右されるものでもある。母語の習得をめぐってどういう課題があり、どういう方向に進むことが可能なのか、さまざまな可能性を提示し、それを支援する体制を作っていくことが、多文化社会において重要な課題の一つであると考える。さらに、このような子どもたちが自身の言語資源、文化資源を失うことなく、個人の資質を十分に発揮し、グローバルな社会で活躍できる人材を育てていくことは、本人や家族だけでなく、日本社会にとっても有用なことであると考える。

なお、本書は、筆者らが2007年から2016年の間に行ってきた母語・継承語学習に関する以下の科研による教育現場の調査・実践研究等の成果の一部を一般読者に読みやすいように書き直し、また新たな論考を加え、刊行するものである。

① 平成 19-21 年度　基盤研究(C)「外国人児童の母語学習支援をめぐるネットワーク形成の国際比較」研究代表者 松田陽子、研究分担者：野津隆志、久保田真弓、乾美紀、研究協力者：落合知子、他。

② 平成 22-24 年度　基盤研究(C)「外国人児童への母語学習支援体制の構築に関する国際比較研究」研究代表者 松田陽子、研究分担者：野

津隆志、久保田真弓、乾美紀、落合知子
③　平成25-27年度　基盤研究(C)「国際家族と学校・NPOをつなぐ母語・バイリンガル教育支援—言語資源育成の視点」研究代表者　松田陽子、研究分担者：野津隆志、久保田真弓、乾美紀、落合知子

2．用語について：「多文化児童」「母語」「バイリンガル」

　本書では、海外から親と共に日本に移り住むようになった子どもたち、または、親が海外生まれで本人は日本生まれの子どもたち、国際結婚家庭の子どもたち等、外国とつながる子どもたちのうち、主として小中学生に焦点を当て、「多文化児童」（中学生には「多文化生徒」）という用語を使うこととする。これまで、このような子どもたちについては、外国人児童生徒[1]、ニューカマーの子どもたち、外国にルーツのある子どもたち、外国につながる子どもたち、移動する子どもたち、多文化な子どもたち、CLD児 (Culturally and Linguistically Diverse children)、言語少数派の子どもたち等、さまざまな用語が使われてきているが、国籍が外国籍とは限らず、必ずしも移動する子どもたちだけでもなく、いろいろな様相を含むため、用語の設定が難しい。本書では、筆者らの用語として、家庭環境やルーツについて、二つ以上の文化、言語に関わる子どもたち（主として小中学生）という意味をこめて「多文化児童」（多文化生徒）ということばで表現する。

　また、「母語」という用語も、さまざまな意味を含むものであり、国によっても時代によっても使用状況が異なっている。たとえば、カナダでは以前は、'heritage language'（継承語）が広く使われていたが、近年、'home language'（家庭言語）という用語を使うケースが多くなっているようである[2]。オーストラリアでは、「コミュニティ言語」ということばも広く使わ

---

[1]　文科省の用語では、小学生は児童、中学生以上は生徒というように区別して使われている。

[2]　オンタリオ州の学校教育では、近年、「国際語」というカテゴリーの用語が使われている。（落合・松田 2014, p.107）トロントの移民児童が家庭で使っている言語という意味で「家庭言語」という言葉も使われている。アメリカでは、1990年代ごろから 'heritage language'（継承語）という用語が広がってきた。（Hornberger and Wang 2008）

れている。「母語」という概念について、Skutnabb-Kangas (1981, p.18) は、最初に覚えたことば、もっとも自由に使えることば、もっとも頻繁に使うことば、自分が帰属意識を持てることば、ないしは他者がそのように判断することば、という定義をしている。「母語」というと、母親の言語というイメージが強く、父親から継承した言語の場合には違和感が感じられることもある[3]。また、必ずしも、母親が子どもに教えたことばということではなくても、祖父母の世代で移動してきた場合、父・母がその言語を喪失してしまい、子どもが新たに親のルーツのことばを習得するということも含めて、「継承語」という用語を使う方が適切な場合もある。子どもたちにとって自分のルーツを継承していく言語という視点が必要であるが、継承語ということばのニュアンスとして、親とのコミュニケーションに使われることば、子どもの時に最初に習得した基盤となる言語という意味合いが若干、希薄に感じられてしまうこともある。本書では便宜上、「継承語」の意味も含めて、「母語」と記述する。

　「バイリンガル」という用語についてもさまざまな定義や使い方がある。完全に二つの言語を同等に習得し、運用できる均衡バイリンガルだけでなく、一つの言語が優勢となった言語で、もう一つの言語は日常的に運用できるレベルにある偏重バイリンガルという人もいる。また、場合によっては両方が十分に発達し得ていない「ダブル・リミテッド」という状況もある。(山本 2014, pp.10-11)「ダブル・リミテッド」という用語も、固定的なネガティブなイメージが強すぎるということから、「リミテッド状況」ということばに置き換えてはどうかという意見もある[4]。

3．多文化を受容する社会を目指して

　日本の学校では、日本の子どもたちでも学習困難児童がいる。他の子どもとのちょっとした違いによっていじめられたりするケースも多い。外国

---

[3] 両親が違う言語を話す家庭の場合は、二つの言語を同時に、最初に習得していくこともあり、母語を二つ持っている状況になる。
[4] この用語については、議論が揺れているようであるが、「リミテッド状況」については本書第11章の座談会での鈴木氏の発言の中で説明されている。

につながる多文化児童への対応のためにわかりやすい説明をすることが、他の子どもたちの学習にも役に立つだろう。そして、違いを受容するという学校文化を作っていくことは、一般の子どもたちにも生きやすい環境を作っていくことにもつながるだろう。

　母語学習をめぐる問題は、当事者だけのことではなく、学校や地域社会が多様な文化・言語の人々の存在をどう受け止めていくのかという課題でもある。本書の論考が、問題に直面している家族や支援者、学校教育や幼児教育に関わる方々、母語に関心のある学生や、多文化児童の教育方針作りに関わる方々にとって、母語をめぐる考えを広げるための一助となれば幸いである。

　本書の研究は、調査に協力くださった多数の方々のご支援によってなし得たものであり、多くの時間を割いて情報提供してくださった方々、心を開いて語ってくださった方々に、深謝したい。また、刊行にあたり、兵庫県立大学神戸商科キャンパス後援基金から助成金をいただいた。ここに記して感謝の意を表したい。

参考文献
落合知子・松田陽子（2014）.「カナダの継承語資源育成のための教育実践に関する研究」,『人文論集』Vol.49, 兵庫県立大学,（pp.101-126）.
山本雅代（編）（2014）.『バイリンガリズム入門』大修館書店.
Hornberger,N.H. and S.C.Wang（2008）. "Who Are Our Heritage Language Learners? Identity and Biliteracy in Heritage Language Education in the United States", in Brinton, D.M. and O.Kagan, S. Bauckus（eds.）*Heritage Language Education: A New Field Emerging*, Routledge,（pp.3-35）.
Skutnabb-Kangas,T.（1981）. *Bilingualism or Not: the Education of Minorities*, Multilingual Matters.

第1章

多文化児童の母語育成をめぐる課題と言語教育政策

松田　陽子

1．はじめに[1]

　海外から移動してきた児童たちや、国際結婚家庭の子どもたちといった多文化児童[2]やその家族が遭遇することばの問題は非常に複雑である。日本に生まれ育って、日本語だけの環境で生活する子どもたちが第二言語として学ぶ英語学習の経験とは全く異なり、「ことば」の習得の上で彼らはさまざまな葛藤や疑問を経験する。圧倒的に日本語だけで生きる人が多い日本での生活の中で、親から受け継いだ母語と日本語との狭間で、悩み、迷う家族のことばの問題とはどういうものだろうか。

　近年、日本語学習については、広く議論されるようになり、少なからず、文部科学省や自治体、学校も取り組むようになってきている。しかし、多文化児童は日本語習得も容易ではないうえに、日本語を獲得することで母語を喪失するケースも非常に多く見られる。母語を失うことに気付かなかったり、また、それはしかたのないこと、当然のこととして受け止められたりしているというのが現状ではないだろうか。時には、両方の言語がうまく発達せず、自由に抽象的な思考ができるような言語力を持つことができず、学校での学習にもついていけなくなる例も見られる。一方、母語をぜひとも維持、発展させて、日本語とのバイリンガルに子どもを育てたいという願望を持つ親もいる。それが功を奏し、環境にも恵まれて、二言語をうまく使って言語力や学習力を強化し、グローバルに活躍する人材に

1　本章は松田（2016）をもとに加筆、修正したものである
2　「多文化児童」ということばについては、序章参照。

育っていく子どもたちもいる。

　本章では、両方の言語を伸張させ、それを言語資源として活かすことがなぜ重要なのか、そのためにはどういう課題があるのか、そして、母語育成のためにどのような言語教育政策が必要かについて考えたい。

2．母語に関するさまざまな議論
(1)　二言語習得―バイリンガル力による学ぶ力の獲得

　本研究の背景となる母語習得とバイリンガル育成に関する研究としては、カナダのジム・カミンズ（Jim Cummins）の研究が1980年代から広く知られるようになり、この分野の骨格をなす研究となっていると言えるだろう。カミンズは二つの言語を習得することが両方の言語力にプラスになること、第一言語の知識が第二言語の習得に影響すること、「生活言語（BICS : basic interpersonal communication skills）」と「学習言語（CALP : cognitive academic language proficiency）」には違いがあることなどを主張し、これらの理論が大きな影響力を持ってきている。

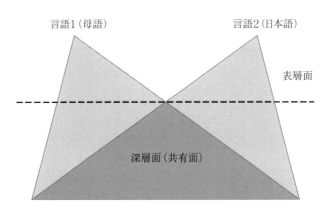

図　言語の表層面と深層面（氷山説）

（Cummins and Swain 1986, p.83, Figure 5.3 をもとに筆者作成）

　これらの理論は、日本語を習得するためには、「二つの言語を使っていると混乱するので、母語を忘れた方がいい」という考え方を否定し、母語の

知識をうまく活用して、日本語力を伸張させる、すなわち、二つの言語を伸ばすべき、という考え方を推奨するものである。幼稚園や学校で、先生から、「家では母語を使わないで、日本語だけで生活してください」と言われるケースが多くあると言われているが、母語を失うことは、日本語の伸張にもマイナスになることがあることも考えておかなければならない。

最近は日本語教育の分野でも、日本語を習得するためにも母語力は必要であるという認識が広まり、母語を活用して日本語習得や教科学習を進めることが試みられるようになってきている。

(2) 言語とアイデンティティ

ことばは、単にコミュニケーションや思考のためのものだけではない。自身のアイデンティティ（帰属集団と自分の同一性）を認識し、確立する要因の一つでもあり、また、ことばによって社会と結びついている。自分の母語が社会で認知されていない言語であるいう認識を持っている子どもにとって、自分の母語が有用なものという気持ちが湧かず、自分のルーツやアイデンティティについても否定的な感情を持つことが多く、それが学習力にも影響することが指摘されている。

前述のカミンズは、学校の教室で母語を活用し、育成する学習活動について、「抑圧的社会から協働的社会への変革を視野に入れたマイノリティ児童・生徒をエンパワーする（共に力を作り出す）枠組み」としての「エンパワーメント理論」を展開している。（カミンズ2011）具体的な教授法について、エンパワーメント理論やバイリンガル理論に基づき、個人のアイデンティティを生かして、多様な言語力を持つ人たちが協働しながら学ぶ「アイデンティティ・テキスト」という教育手法も開発している。（中島2010, pp. 222-225）

(3) 言語権の視点から

海外の議論では、しばしば、母語や地域言語の習得は人権の観点からも考えるべき問題とされ、「言語権」という考え方が提示されている。多文化児童は、学校において日本語を学習する権利があると同時に、自身の母語

を学校で習得し、公的に使用する権利があるという考え方である。しかし、この議論は日本では、まだ、あまり広がっていない。ろう者については、近年、手話言語も言語の一つであり、それを母語とみなし、言語権の考え方から、その習得の保障が論じられるようになってきている。（言語権研究会1999）

3．多文化児童の言語状況

　1990年の「出入国管理及び難民認定法の一部を改正する法律」の施行により、日系人の労働が可能になり、90年代には、ブラジルやペルーをはじめとする日系人ニューカマーの来日が急増した。以後、中国人、フィリピン人、ベトナム人なども増加してきている。そして、親に伴って来日した日本語未習得の外国人児童生徒の公立学校への中途入学が増大するようになった。日本語や日本文化のわからない児童の受け入れ態勢のなかった学校現場の混乱により、これらの児童生徒への日本語指導の必要性の認識が文科省でも高まった。日本語支援の施策については、教員の配置、教員研修の実施、JSL（Japanese as a Second Language）カリキュラムの開発等、不十分ながらも、徐々に広がってきている。

　1991年に、初めて文部省（当時）が日本語教育を必要とする外国人の小中学生の調査を行い、その時点では5,463人であったとされる。（太田2000, p.15）2014年の文部科学省の調査[3]では、小・中・高校、特別支援学校などに在学する日本語指導が必要な外国人、および日本国籍の児童生徒は、小中高校、特別支援学校を含め、29,198人となっている。また、公立学校の外国人児童生徒の在籍総数は、73,289人（H26.5.1現在、文部科学省「学校基本調査」より）である。これ以外に、外国人学校で学ぶ子どもたちや、不就学等で把握されていない子どもたちもかなり存在する。また、現在では、外

3　以下のデータは、文部科学省「日本語指導が必要な児童生徒の受け入れ状況等に関する調査（平成26年度）の結果について」（H27. 4 発表）より。http://www.mext.go.jp/b_menu/houdou/27/04/1357044.htm　（2015.10.10 アクセス）言語別（外国籍の場合）では、ポルトガル語、中国語、スペイン語、フィリピノ語、ベトナム語、英語、韓国朝鮮語、が多く、日本国籍の場合では、フィリピノ語、中国語、日本語、英語、ポルトガル語、その他、となっている。

国籍だけでなく、日本国籍であっても海外から移動してくる子どもたち、国際結婚家族の子どもたちなど、さまざまな背景によって日本語が十分に習得されていない児童が増えていることも注目されるようになってきている。

しかしながら、これらの数として把捉されているのは、多くの場合、各学校の教師の主観的な判断によるもので、明確な評価基準が使用されているわけではなく、学校での学習についていける言語力（学習言語力）が備わっているかどうか、明確には把握されていない。

4．多文化児童の言語課題
(1) 言語習得環境の多様性

多文化児童と一言で言っても、内実はまとめきれないぐらい多様である。そのため、その言語課題は非常に多様であり、成長期によっても変化していく。そのことが、母語学習支援についての取り組みを非常に複雑にしている。

第一に、個人的要因として来日時の年齢の影響が大きい。中島（2010）は、バイリンガル教育については2歳から15歳を言語形成期と考え、9～10歳以前を言語形成期前半、それ以後を言語形成期後半としている（pp.22-28）。そして、言語形成期後半に移動した場合は、すでに母語での言語力の基礎ができ、抽象的な思考にも耐えられる力をつけているので、それを第二言語に転移しながら発達させることが容易になり、母語・母文化も維持しやすい。しかし、日本に幼少時に来日して学校に入学すると、個人差や環境差が大きいが、母語を話す人が集住している地域でない場合、2～3年で喪失していくことが多いと言われている（中島2010）。また、母国での学習経験の違いも移動後の言語習得に影響すると考えられる。

一方、基盤となる第一言語が十分に発達していない状況で、その脆弱な基盤の上に第二言語が加わると、両方の言語発達が十分に行われず、どちらの言語も不十分になるケース（ダブル・リミテッド状況）も報告されている。（生田2007,高橋2009）日本語も母語も、抽象的思考をする力が十分に形成されない状態のままだと、小学校を何とか終えたとしても、中学で

は学習についていけなくなり、高校進学を諦めざるを得なかったり、進学後にドロップアウトしたりしている多文化児童が多数いる[4]。

　第二に、家族環境要因が大きく作用する。家族の将来の帰国の予定や母国との往来を繰り返す場合は、環境的にも、また学習への動機付けとしても、母語の維持には役立つと考えられるが、日本語力の発達に影響を及ぼす。また、同じ言語を使う兄弟姉妹、祖父母、友人等のコミュニティの存在も言語維持に影響する。

　両親の言語に対する考え方の影響も大きく、母語が重要であることを強く子どもに意識させる努力をしているか、母語のメディアや本などへの接触環境が家庭にあるかどうか、などが言語維持に影響する。（中島2010）環境に恵まれれば、家庭で使用する母語と日本語の両方を発達させて高度のバイリンガルになるケースもある。ただし、読み書きができることが重要であり、そのためにはかなりハードな学習が必要となる。

　第三に、その言語の社会的地位や有用性も母語習得に影響する。英語のように世界で通用しやすく、社会的地位の高い言語の場合と、本国以外ではあまり使えないと思われていて、社会的力の弱い言語とでは、モチベーションが大きく異なる。さらに、言語間の類似性も、学習の難易度に影響する。

　このような学習者や学習環境の多様性のため、必要とされる支援も異なり、学習の動機付けも難しい。周囲がその言語問題を正確に把握することも困難であり、同じ学年でも言語能力がまったく異なるため、母語の学習をグループで行うには、多様なレベルや意識の児童を同時に教えるための教材や教授法やスキルが必要になり、一層、学習支援が困難な状況にある。

(2) 学習や発達に影響する課題

　まず、日本語の未発達による学習困難時期が数年続くことにより、人によっては、その間の学習の遅れを取り戻すことが難しいという現状があ

---

[4] 学校教育についていけなくなったり、不就学やドロップアウトになる要因は、言語問題だけでなく、学校でのいじめや不適応、家庭環境、経済的要因などさまざまなことが指摘されている。

る。一般に、生活言語（日常的な会話に必要な言語）の習得は1～2年でほぼ達成されるが、認知的負担の大きい学習言語能力（学校での学習に必要な抽象的な思考にも使える言語力）の発達には8歳以後に入国した場合で5～7年、8歳以前に入国した場合は7～10年かかると考えられる。(Cummins & Swain 1986) そのため、周囲も本人も日本語が習得できたと思っていても、特に小学校4年以後の頃に学習内容の抽象度が高まってくると、学校での学習についていくための日本語力が不十分となり、そのため学習結果が向上しない。その結果、「勉強のできない子ども」という認識が自他共にできあがってしまい、学習意欲も喪失していく。(高橋2009) そして、それが日本語力の未発達によるものという認識がなされず、知的能力や努力の欠如として認識されてしまう。

　このような状況に陥らないためには、日本語力の向上だけでなく、母語を活用した学習支援を行うことによって、学校での勉強に遅れないようにしていくことが必要である。母語と日本語力を同時に強化していくことで、自信を失わせず、学習に前向きに取り組めるような環境を作っていくことが必要である。

(3) 家庭内コミュニケーションの欠如

　もう一つの大きな課題は、家族間のコミュニケーションの欠如である。親の日本語力が十分でない場合、子ども達の日本語力が伸び、母語力が失われていくと、親との意思疎通が十分にできなくなることがある。子どもは、簡単な母語での会話は理解できるため、親は子どもたちがわかっていると思ってしまう。しかし、子どもは部分的にしか理解できず、母語での発信力はなく、日本語で返答することが多く、親子とも複雑なことについてはコミュニケーションをとれないため、悩みを相談したり、進路についての意見を聞いたりするといったこともできない。親子の絆を強めるのにも大きなハンディとなる。

(4) 周囲の視線とアイデンティティの揺らぎ

　多文化児童たちは、常に周囲の児童や先生からは「異なる人」という視

線で見られがちになる。名前が日本の名前と違っていたり、ことばが違っていたり、弁当や持ち物が違っていたり、ちょっとした違いが、周囲からの圧力となり、場合によってはいじめの対象となるため、他の人と同じでありたいという願望を持つことが一般的であろう。

　日本の学校教育は「日本人」を育成することが目的となっており、そのような環境の中で生きていく多文化児童には、日本人とは異なる自分をそぎ落としたり、隠したりすることが必要と無意識に感じさせてしまう視線が存在する。(太田 2000) それが、自分のアイデンティティに対する不安と葛藤となり、他の人と違う自己を否定的に捉えてしまうきっかけになる。そのため、母語を維持、伸長させる気持ちを喪失するだけでなく、日本語力が十分ではない親についても否定的な見方をするようになることもある。

　日本人というアイデンティティと、母語に関わる別のアイデンティティが自分の中に共存したり、折り合いをつけたり、複数のアイデンティティをそのまま受け止められる児童もいる。多くのケースでは、成長と共にその不安や揺らぎを乗り越えて、複数のアイデンティティを自分の中でバランスをとって自覚できるようになる[5]。しかし、小学校高学年から中学にかけての思春期の頃は、そうすることが難しい段階にあり、学校での学習や生活に挫折したり、意欲をなくしてしまうケースが多い。そして、最悪の場合は、そのアイデンティティの葛藤を乗り越えられないまま、自分のアイデンティティを確立できず、居場所のないまま成人してしまうということになる。(乾 2009)

5．多文化児童を対象とした言語教育政策試案

　上述の議論を踏まえ、まず、複数の文化・言語背景を持つすべての児童が、十分な教育を受けるのに必要な言語を習得し、家庭で親との十分なコミュニケーションがとれる言語力を発達させる環境を作る支援が必要である。そして、複言語環境にある多文化児童の持つ言語・文化力が、本人に

---

[5] 松田・中山 (2010), 宮崎 (2014) 他。

とっても、学校教育にとっても、社会にとっても有意義な社会資源として社会に認知され、多文化児童がそれらを発達させる機会を与えられる社会を構築するためにはどういう体制が必要なのだろうか。これまで国内外で議論されていることをもとに以下にまとめてみたい。

(1) 日本語と母語の複言語育成の必要性の認識

① すべての言語には同等の価値があるという認識を踏まえ、日本語と母語の二言語（ないし三言語以上）を育成することが個人にとっても社会にとっても有用であることへの理解を深め、その意義についての明確なビジョンを提示し、それらを多文化家族の親や、学校、社会に対して広く啓蒙することが重要である。複言語育成の対象として、方言や手話言語、先住民の言語なども視野に入れて考えていく必要がある。

② 日本語教育を進めるにあたって、母語を活用し、母語が喪失されることのないよう、両言語の維持・伸張を重視した日本語教育の進め方の研究開発、意識改革、教授法開発の必要性がある。

(2) 学習支援体制

① 母語学習教室の設置と教育態勢の支援

母語学習教室の設置が公的な立場から行われることが必要である。

現在、個人や小規模のNPO、一部の地域の学校の取り組みとして極めて小規模に行われているが、場所や時間の確保、教師の確保、財源不足、運営のノウハウの欠如など、さまざまな困難がある。兵庫県では先進的な取り組みとして、2006年から2010年まで、母語教育支援センター校制度による公立小中学校への母語教室の設置を推進したが、以後、停止している。大阪府ではいろいろな形態の中で、公教育においても母語学習の推進が行われている。公的支援の存在は、母語学習の意義の啓蒙にも大きな影響を与える。（第3, 9, 10章参照）

また、現状ではボランティアに大部分を依存しているが、将来的には、母語教育を行う研修を受けた人や教員が報酬を得て行う学習体制

を作らなければならない。そして、行政・学校・NPO等の学習支援活動者が連携して、教師研修や教材開発などを行っていくことができるような施策が必要である。
② 多文化児童の言語力の正確な把握を推進する体制づくり

多様な背景を持つ多文化児童たちの日本語力、母語力を正確に把握することが、学習支援に大きな影響を与える。言語力というのは、直感だけでは、本人にも、家族にも、学校の教師にも計り知ることのできないので、正確に測定できるテストを行う体制が重要である（真嶋他 2014）[6]。それによって、学習プログラムや、誰に何をどう支援するかを考える基礎情報とすべきである。
③ 家庭と学校、NPO、行政の連携強化による学習支援

母語学習には、家庭での支援、学校の教師や周囲の子どもたちの理解、NPO による支援、行政支援などが欠かせない。特に家庭と学校の教師が緊密に連携をとって進めなければならない。多くの親たちは、日本語も母語も両方とも重要と考えている。（野津・乾・杉野 2014）しかし、母語使用が子どもの日本語の発達を阻害するかもしれないと考え、家庭でどのような言語使用をすべきなのか、悩む親も多い。

まず、親が自信を持って二言語を共に育てようという意識を確立し、それを学校も支持することが重要である。各家庭の事情や、子どもの意識や欲求などはさまざまであるので、強要することは好ましくないが、状況や年齢なども配慮しつつ家庭でできることを確認し、母語に触れる機会を増やし、幼少時には読み聞かせを短時間でも行うことなどが重要とされている。（中島 2010）読み書き能力を発達させるためには絵本や書物を図書館などに多数配置したり、デジタル書籍化されたものをダウンロードして読めるような体制を充実させていくことが

---

[6] 近年、日本語能力測定のための評価手法として、文科省がDLA（外国人児童生徒のための JSL 対話型アセスメント）を開発しており、使用が広がっているようであるが、これの翻訳版等を作成して、母語・継承語能力の測定にも応用することができ、実際に使用されている。http://www.mext.go.jp/a_menu/shotou/clarinet/003/1345413.htm（2015.11.3 アクセス）

求められる[7]。

④　学校全体の意識改革

　学校でも母語の運用力があることが肯定的に認知されることが必要である。周囲の子どもから偏見を持って見られることのないよう、学校教育カリキュラムの中に異文化間教育を取り込むことや、教師の態度が複文化・複言語状況にある子どもたちについて肯定的であることが重要である。（松田・中山 2010, 落合 2015）そして、文化や言語の違いを肯定的に受け止める心をすべての子どもたちに教育していくことが不可欠である。多文化児童の存在が、学校の中で、グローバル社会や多文化が共存するための柔軟な意識づくりや知識の拡充を助けるものとして活かせるようにしていくことが肝要である。

(3) 研究体制

① 研究支援

　バイリンガル教育は、一般の人々の感覚では、非常に困難なことであるという認識が強く、特にマイノリティ言語についてはその意義が理解されにくく、誤った認識が広がりやすい。そのため、バイリンガル教育についての研究体制を充実させ、その成果について一般の人々にもわかりやすく周知させることが重要である。

　まだ研究の蓄積が少ないため、教授法についても模索状態である。教材も非常に少なく、現場の教師達は手探りで教育を行っている。特に、レベルが非常に多岐にわたる児童を同時に教える必要性があるため、多様な学習者を教える特別な方法が開発されなければならない。海外でも取り組みが広がっているが、ICT を駆使するなど、新たな方法を考えていく必要がある[8]。

---

[7] DAISY などによる多言語のデジタルアーカイブが、少しずつ開発されつつある。Rits-DAISY（立命館大学 DAISY 研究会）参照。http://rits-daisy.com/?page_id=41　（2015.11.3 アクセス）

[8] Cummins が提唱し、実践の蓄積も広がりつつある「アイデンティティ・テキスト」、(Cummins & Early 2011) や、その考えを援用したビデオレター作成による国際交流授業などの取り組み（本書第4章参照）は、この課題にも対応できる方法と考えられる。

② 言語教育研究センターの設置

　母語を中心としたバイリンガル教育の研究を推進するには、研究者のネットワークが必要であり、またその研究成果の発信や、学習支援のためのリソースの提供、現場での実践者との連携が特に必要である[9]。大規模で長期的な研究や、さまざまな支援活動を集約化することが、限られた資源を活用するのに最も重要である。そのためには、日本語教育や英語教育等の外国語教育も含めた総合的な言語教育研究センターを設置し、多様な言語教育の視点から行われた研究成果を母語教育にも生かせるようにすることが望まれる。

6．多文化社会の統合的発展に向けて

　母語の問題は、人数が増加しているといっても、非常にマイナーな存在である多文化児童の課題であり、それに対応する余裕はないというのが多くの一般人や、学校関係者、行政者の意見であろう。しかし、マイノリティの問題は、常に、マジョリティの社会のあり方と関わっている。マイノリティの人々も同等に社会参画ができれば、納税者として、また、さまざまな能力を発揮できる人材として、社会を豊かにする力になれるが、社会参画ができなければ結果的には、よりよい就業の機会に恵まれず、社会福祉に依存する立場に追い込まれたりする人を増やし、社会の分断化にもつながりかねない。また、マイノリティがマジョリティと同等に社会参画することによって、マジョリティの力が脅かされたり、職などの資源を奪われたりするようになるという考え方が主流であれば、マイノリティは社会に

---

[9] 筆者が代表を務める関西母語支援研究会は多文化児童のためのことばの学びについての包括的な情報提供をするウェブサイトを2014年に作成し、関連研究の紹介や母語教室の紹介などを6言語で行い、情報ネットワークの構築を目指している。(http://education-motherlanguage.weebly.com/)（第5章参照）　愛知県では、「愛知　外国につながる子どもの母語支援プロジェクト」のサイトが作られている。(http://www 7 b.biglobe.ne.jp/~akp/top.html)　鈴木庸子は母語学習の関連情報ポータルサイトとして、「ハーモニカ」というサイトを作成している。(http://harmonicacld.com/)　このようなサイトが多数できてくることで、情報交流、研究交流、さらに 実践者の交流が増大することで、連携が拡大していくことを期待し、次のステップを模索していきたいと考えている。

参入することをこばまれ、周縁化され、その力を社会に生かすことができず、マジョリティ社会の中で抑圧された状況に追い込まれることになる。

異なる文化を背景とする人たちが自身の言語・文化を維持しようとすると国家が分断化されるという議論は、カナダやオーストラリアのような移民国家でも強く存在していたが、実際には、これらの国家も多文化主義政策のもとで、移民を統合的に包含し、発展を遂げてきている。(カミンズ＆ダネシ2005, 松田2009)多文化共生というのは、マジョリティ社会が変容していくことで、マイノリティも共に社会参画し、双方にとってプラスのエネルギーを得られるような統合的社会をめざして、一歩一歩、実現のルートを探っていく試みではないかと思う。そのためにはいろいろな段階で、必要な制度設計、新たな政策の視点、市民社会の変容を伴う意識変革の醸成が必要である。

参考文献

生田裕子（2007）.「ブラジル人中学生のL1とL2の作文に見られる問題—ダブルリミテッド現象の例から」,『母語・継承語・バイリンガル教育（MHB）研究』3, 母語・継承語・バイリンガル教育（MHB）研究会．(pp.7-26).

乾美紀（2009）.「外国人—アイデンティティを探し求めて」, 乾美紀・中村安秀（編著）『子どもにやさしい学校—インクルーシブ教育をめざして』ミネルヴァ書房．(pp.103-126).

太田晴雄（2000）.『ニューカマーの子どもと日本の学校』国際書院．

落合知子（2015）.「継承語・継承文化学習支援と異文化間教育の実践」, 西山教行・細川英雄・大木充（編）『異文化間教育とは何か—グローバル人材育成のために』くろしお出版．(pp.209-231).

カミンズ, J.・ダネシ, M.（中島和子、高垣俊之訳）(2005).『カナダの継承語教育』明石書店．

カミンズ, J.・中島和子（訳）(2011).『言語マイノリティを支える教育』慶応義塾大学出版会．

言語権研究会（編）(1999).『ことばへの権利—言語権とはなにか』三元社．

高橋朋子（2009）.『中国帰国者三世四世の学校エスノグラフィー—母語教育から継承語教育へ』生活書院．

中島和子（2010）.『マルチリンガル教育への招待—言語資源としての外国人・日本人年少者』ひつじ書房．

野津隆志・乾美紀・杉野竜美（2014）.「外国にルーツを持つ家庭における母語使用の実

態と課題―保護者に対する調査より」『国際教育評論』No.11, 東京学芸大学国際教育センター. (pp.34-52).

真嶋潤子・櫻井千穂・孫成志・于涛 (2014).「公立小学校における低学年 CLD 児への言語教育と二言語能力:中国語母語話者児童への縦断研究より」『日本語・日本文化研究』24, 大阪大学.(pp.1-23).

松田陽子 (2009).『多文化社会オーストラリアの言語教育政策』ひつじ書房.

―― (2016).「多文化共生社会のための言語教育政策に向けて―多文化児童のバイリンガル育成の視点から」『人文論集』51, 兵庫県立大学. (pp.83-109).

松田陽子・中山尚子 (2010).「中国帰国者子弟の母語教育をめぐって (1) ―学校全体が関わる取り組み」『外国人児童の母語学習支援をめぐるネットワーク形成の国際比較』平成 19-21 年度科学研究費補助金基盤研究 C 課題番号 19520461, 代表 松田陽子. (pp.15-38).

宮崎幸江 (編) (2014).『日本に住む多文化の子どもと教育―ことばと文化のはざまで生きる』上智大学出版.

Cummins, J. and Swain, M. (1986). *Bilingualism in Education*, NY: Longman.

Cummins, J. and Early, M.(eds.) (2011). *Identity Texts: The collaborative creation of power in multilingual school*, Sterling, USA: Trentham Books.

第2章

中国帰国者子弟の母語意識の変容

中山　尚子・松田　陽子

1. はじめに[1]

　母語に関する意識や母語習得についての考え方は、幼少期から青年期にかけて、アイデンティティの形成とも関わりながら、徐々に変化していくものと考えられる。本章では、中国帰国者の三世の子どもたちを対象として考察する。「中国帰国者」とは、第二次世界大戦の敗戦で中国に取り残され、1972年の日中国交回復以降に中国から日本に「帰国」してきた日本人およびその家族である（蘭2000）。幼少期に来日し、日本の学校で学んでいる三世・四世の子どもたちのケースでは、中国についてあまり鮮明な記憶はないが、家庭では親や祖父母が中国語を話し、中国との往来も多いという人たちがいる。日本生まれの場合、国籍も日本籍であったり、外見からは全く日本人と区別が付かず、名前も日本名を使っている人が多いため、周囲は彼らの中国との関係に気付かないこともある。しかし、家族のルーツが中国と関わりが深いことがわかり、中国人というカテゴリーで見られることもあり、そこに偏見が生まれ、いじめの対象になったり、からかわれたりすることがある。そのため、自分のルーツや家族、そして自分自身のアイデンティティに不安を持つという状況が生じる。また、親の日本語力が十分ではなく、日本での生活基盤も不安定な家庭の場合は、学習や進学を支える十分なサポートが得られないというハンディを背負って成長していく。

1　本章は、松田・中山（2010）をもとに加筆修正したものである。

しかしながら、成長とともにそれらのハンディを乗り越え、複数の言語・文化を自分の中に共存させ、両者をうまく活用し、複合的なアイデンティティを確立させて生きている人たちもいる（大久保2000）。その成長の過程ではどういう変容が起きているのだろうか。

　中国帰国者児童にとっては、一般的に、学校は日本への同化の場であるが、多くの場合、家庭は中国語・中国文化維持の力が作用し、中国化への場として機能する。子ども達は、二元的文化化（関口2003）の中で、葛藤を体験しながら成長していく。家庭によって、親の言語・文化維持力の強弱にはかなりの差異が見られ、家庭の影響力が弱かったり、子どもの反発が強かったりする場合には、学校や日本人の仲間の日本化圧力が強く作用するだろう。

　本章では、中国帰国者三世の青年のライフヒストリー調査をもとに、二つの言語・文化の狭間で生きている中で、母語についての意識がどう変容してきたか、そして、母語意識との関連において、自己の帰属文化に関わるアイデンティティがどのように変化してきたかについて考察を行う。彼らの語りから、彼らにとっての母語学習の意義や母語についての変化の経緯、その変化をもたらしたきっかけとなった人や機会について見ていきたい。

2．調査の概要

　筆者の中山（以下、N）は2009年の8月から12月にかけて、**表1**に示したように、中国帰国者三世の10代後半から20代前半の青年5名（A～E）を対象にインタビュー調査を行った。インタビューの対象は、中国語の母語教室（日本語教室を兼ねる）が設置されていた小学校の卒業生である。1回のインタビューは1時間から3時間である。信頼関係を築くために、2回から3回同じ人に話を聞いた。被調査者同士が友人の場合は、一緒に話を聞くこともあった。限られた時間でのインタビューでもあり、どこまで本音が語られているかは不明である。しかし、彼らの中国語への思いやアイデンティティの変容の一端を理解し、彼らの経験を伝えることは、母語教育の意義やあり方の一面を考えるうえでの一助となると思われる。

表1　被調査者のプロフィール

No.	被調査者	年齢	性別	国籍	職業	世代	渡日時期
1	Aさん	20代前半	男性	日本	料理人	三世	5歳
2	Bさん	20代前半	女性	日本	主婦	三世	5歳
3	Cさん	20代初め	女性	日本	大学生	三世	4歳
4	Dさん	20代初め	女性	中国	主婦	三世	3歳
5	Eさん	10代後半	女性	日本	高校生	三世	日本生まれ

3．語りの考察

　5人は小学校ではどのように母語について考えていたのか、そして、卒業後、彼らの中国語に対する意識、中国人としてのアイデンティティはどのように変容したのであろうか。その変化に繋がったきっかけを本人たちがどのように認識していたか、以下で見てみたい。

(1) 中学・高校の友人や環境

　Aさん（男性、20代前半）は、祖母が残留孤児であったため、呼び寄せによって5歳で来日したが、幼少期に中国と日本の往来を繰り返した。日本で小学校に入るが、初めは言葉が通じないもどかしさを感じる連続だった。また、家庭でも母親は多忙で、ほとんど休みがなく、学校のことを聞かれても、すべて順調に進んでいると嘘をついていたという。その様な環境下で母語教室（日本語教室）は彼にとって「救済される場所」「避難所」として重要な役割を果たした。
　中学校では勉強についていけなかったというが、部活動にも取り組み、楽しい中学時代を過ごした。母親の勧めで私立高校へ進学した。高校では、国際交流が盛んで中国語の通訳をすることもあった。そして、中国人であることがみんなに抵抗なく受け入れられていった。

> **Aさん**：高校に入って、誰にも「中国人なん？」とか聞かれることはなかった。高校の時はもうネタみたいになってたから。漢字読めへんかったら「外国人やからわからんわ。」って言ったら、みんなが「都

合いい時だけ、外国人ぶるなよ。」って笑ってつっこまれて。小学校の時はそれを（中国人であること）後ろめたかったから気にしてたけど、中学からはまったくない。

　周囲の友人と個人的な良い関係を築き、さらに、中国語が使えることで、通訳として活躍する機会もあり、自己意識も変化したものと推測される。彼は、さらに以下のように述べている。

　　Aさん：中国語・日本語がメインで、だから、日本語が武器で、中国語は魔法。たまに回復するときに必要なもの。中国語は俺にとっての家族とのつながり。じゃないとたぶん忘れてるよ。今は武器やし、プラスなもののひとつやね。9月に帰化したけど、何も変わったことはない。……中略……
　　中学・高校からは、自分を何人かっていうのは考えない。概念はない。聞かれたら、すぐ日本人とは言えないけど、日本人っていう。元は違いますけどねっていうけど。俺は俺。何人かっていうのは考えない。中国人だからみじめな思いするの？それは自分の努力次第。日本人も一緒やん、それは。何人かとして生活はしてないからね。……中略……心が日本人で、頭が中国人、というのが、ころころ環境によって入れ替わる気がするわ。

　Aさんは、小学校では中国語を話すことが恥ずかしいことだと思っており、日本人ではないことを「かわいそう」という目で見られることがあったと語っている。だが、今は、何人かということより、「俺は俺」であるという自己認識をしつつ、日本と中国の両方が心と頭で入れ替わると言い、両方の複合的なアイデンティティを形成していることがわかる。そして、そのことを否定的に考えるのではなく、それが自分自身であると素直に受け止めている。つまり、自分が何人かという文化的アイデンティティによって自分が規定されるのではないという認識を強く持つようになっているということである。それは、国境を超えたアイデンティティ（過1999）

とも言えるものである。そこに至る過程で、中国語が使えることや中国的な考え方を持っていることを肯定的に認識するようになったことが影響していると考えられる。日本語は生活するための「武器」であり、中国語は「魔法」と語っているが、家族とのつながり、リラックス効果、本当の自分になれる言葉という意味を含んでいるのかもしれない。

(2) ことばの有用性の発見

　Bさん（女性、20代前半）も5歳で来日したが、日本語は保育所で自然に学んだため、小学校入学時には、生活には困らなかった。母語教室に中国語を学ぶために1年生から通った。そこはみんなと遊べる自由な空間であった。母語教室の仲間とは「変に仲間意識が強かった」と述べ、「仲間形成」の場の役割を果たしたようだ。その一方で、「中国語を喋るのは恥ずかしいことではないけど、聞かれるのは嫌だった。」という。

　Bさんは、中学2年生で帰化して名前を変えた。自己紹介するたびに「中国人なん？」と聞かれたため、中学校までは、とにかく自分の名前がいやだったという。「何人かということではなくて、とにかく名前が嫌で。明らかに中国人と分かる、人と違うことが嫌で帰化したかな。名前を変えたいから帰化したかな。」と語っている。そして、高校では最初は中国帰国者の家族であることを隠していたが、周りの友人から好意的に中国のことに関心を持たれていることがわかり、中国語が話せることを肯定的に意識するように変容していった。

> **Bさん**：みんなも興味があるから話を聞きたがって。話が膨らんでいったり、「中国語でこれは〇〇って言うんやろ？」って聞かれたりして。高校ではプラス面が多かった。中国語が話せるということや中国で生まれたっていうことで話題が増えた。この時からプラスになった。

　中国語については、今は、「中国語がもっと上手に話せて、漢字も書けてたら、この先武器になりそうと思ってる。あとは、家族とのコミュニケーションに必要なものかな。」と語っている。彼女はすでに小さい子どもがい

るが、子どもにも「この先有利だから、できたら中国語を覚えてほしいと思う」という。祖父母とのコミュニケーションのためにも必要と考えている。アイデンティティは、自分の中には日本も中国も両方あるが、血統としては４分の１が日本なのだが、気持ちとしては４分の３が日本で、４分の１が中国で、相手によっても日本的になったり、中国的になったりするという。やはり、複合的な自分のアイデンティティを意識し、それを肯定しているようである。

　Ｃさん（女性、20代初め）も中国生まれで、４歳の時に来日した。３人姉妹の長女で、２人の妹がいる。彼女以外の姉妹は日本生まれであるため、姉妹間では日本語で会話をしている。彼女は中国での生活についてはほとんど覚えていない。来日直後は友人もおらず寂しい日々を過ごしていたが、半年ほどで日本語ができるようになり、意思疎通には苦労しなかった。しかし、小学校では担任の先生からの勧めで日本語教室に通っていた。中国語を習うために母語教室へ通った記憶がないという。

　Ｃさんの母親はあまり日本語が話せず、Ｃさんは家庭ではずっと中国語で話すように言われてきていた。小さい頃から「通訳になる」という夢があり、その気持ちが親の期待とも合致し、周囲の視線をあまり強く気にしていなかった。中学では中国人だということでいじめられたこともあったが、自分の夢が大きな支えとなった。そして、中国語が話せることを誇りとしていた。彼女の場合は、国際交流の盛んな高校で国際科に進んだことで、中国語が話せることが周囲から高く評価されるようになった。

Ｃさん：高校になったら、みんなが知らない人だからそういうの（いじめ）もなくなって。ただ、私が入ったのは国際の学校で、外国人と関わることがあって。自分が中国語を話せることが、他の人から羨ましがられるようになって、「すごい」「教えて」「就職になったら得やん」ってそういう、向こうが良いようにとってくれるようになって、ようやくプラスになって。

　高校で、学校内の周囲の環境が大きく変わり、中国語が評価されるよう

になり、自分の中国性をプラスに捉えられるようになった。高校ではフランス語も学び、フランス人が家に来たこともあり、フランスとニュージーランドに行ったことがあるという。そのようなさまざまな国際的な経験が通訳の夢につながったということである。彼女にとっては、高校の国際的環境、そして中国に興味を持つ周囲の友人達の視線が自分を変えるきっかけとなったようである。

(3) 大学の友人・教師の肯定的視線

　Dさん（20代初め、女性）は3歳の時に来日した。2人の弟がおり、弟とはいつも日本語で会話している。彼女は中国での生活についてほとんど覚えていないが、中国へ遊びに行くことが頻繁にあった。そのため、匂いなどの感覚で覚えている部分が多いという。周りには同じ境遇の仲間もいたが、彼女は帰国者との接触を日本人の前ではなるべくとらなかったという。それは、「普通の日本人になりたい」という思いからだった。そのため、母語教室にも行かず、中国語を話せることをずっと周囲の友人には隠していた。

　しかし、大学で国際言語学部に入学したことで、今まで隠していた「中国人であること」が自分にとって大切で特別なことだと気付いた。大学の中国語の教師から、中国語が話せることを評価され、友人達から「留学してみたいと思うけど、中国ってどういうとこなん？」と聞かれたりして、自分で「私って特別なんや」と気付いたという。それで、「中国語を忘れてしまうのはもったいないから、中国語力を伸ばしていこうと思った」という。他者からポジティブな評価を受けたことで、それまで、「特別な自分」がネガティブなものであったのが、ポジティブなものへと変化していった。

　それまで、母親は中国語が将来役に立つからと、ずっと中国語で話しかけていたのだが、本人の意識の中では、それをあまり肯定的に捉えてはいなかった。周囲の社会（友人や先生、学校）との関係が変化することで、中国語を話す母親の存在の意味も大きく変化した。

　現在は、中国語だけでなく、言語がいかに大事であるかを強く意識して

いる。自身のアイデンティティについては、「自分が何人だと思う感覚もないし、一つの人間だというカテゴリーです。日本人と言われればそうというし、中国人といわれればそうと言います。でも、自分から言うならば中国人と言います。母語は何かって聞かれるのと同じくらい、何人かって聞かれることは難しいです。」と語っている。やはり、両方のアイデンティティを持っているが、中国のことをけなされると腹立たしい気持ちになるし、中国の人に日本のことをけなされると、「日本人はこう考えているから、こうなんじゃない？」と反論するという。つまり、日本も中国も両方が好きなのだという。

中国語については、次のように語っている。

> Dさん：前までは母親とのコミュニケーションの手段でしかなかったものが、今になって自分の中でプラスになりつつあるし、将来活躍させてくれるものなのかなって。外国語が専門の大学に行ってそれは思えたことです。だから、もっと中学とかに中国語のコースとかがあればいいなって思います。早くから勉強したら、もっと誇りに思えるのが早いかな、って思います。隠す期間が長かったんで。大学入って1～2年ぐらいで、やっと出せるようになったんで。

Dさんは、自分の子どもにも絶対に中国語を教えたいという。「ことばはとても大事だから、日本人と結婚したら自分は中国語で、父親には日本語で話してもらって、英会話学校にも通わせたい」という。それは、「自分の子どもに自分の文化を理解してもらえないっていうのは、やっぱりすごく悲しい」から、言葉と文化的なことを教えていきたいという。彼女の場合は、大学での中国語コースとの出会いが世界を広げ、自分の中国語や言葉そのものに対する意識を大きく転換させたと言える。そして、言語の重要性を認識し、日本語・中国語・英語の三つの言語を子どもに習得させたいと考えるようになっている。

⑷　中国語の活用

　Eさんは高校生で5人の中で最も若く、Aさんの妹である。しかし、Aさんとの文化的ギャップもある。彼女は日本で生まれたが、その後すぐに中国で約2年間滞在する。しかし、当時の記憶は何もない。帰国後は母親が多忙だったため、祖父母の家に預けられることが多く、家族団欒の記憶はない。また、5歳の時に一度帰国した後、中国へは行っていない。中国での記憶はなく、保育所で日本語を話していたことは覚えている。彼女の場合は日本語習得の苦労はなかった。そして、周りには親戚が多く、家族の中に安定した生活環境があった。祖父母の家にいる時間が長かったため、家では中国語を話していた。

　Eさんは、家庭では、親がほとんど勉強や進路について相談にのってくれず、中学3年生で成績がどんどん落ちたので、自ら友達の通っている塾で勉強することにした。中国語が勉強できる高校を選んで特色入試で受験した。中学の教師から、中国語が話せることは強みだと教えられた。それがさらに母語を肯定的に捉える契機となったようだ。現在、高校の中国語の成績は5名中1番だということも彼女の自信につながっていると考えられる。彼女は兄も職場で中国語を使っており、叔母も会社で通訳をしているのを見て、自分も中国語を武器にしようと考えたという。中国語が社会で役立つという社会状況を身近に感じることができるロールモデルが家族関係の中にあったことも大きな影響を与えたようだ。今は、大学のAO入試などで中国語を使おうと考えているという。

　Eさんは高校に入学する頃まで、自分の国籍が中国であることも親から知らされていなかった。彼女は自分の中国語の名前が気に入っているという。Eさんは自分自身、何人ということをそんなに意識しないで生きてきたという。語りの中で、「日本人でも中国人でもないハーフ」と何度も繰り返しているが、やはり、「日本人だ」とも言っており、結局、どちらであるかは重要でないということのようだ。「周りに何と言われようが何も思わない」という強い自己を構築し、そのような自己アイデンティティを自分で承認し、中国性を隠すこともしなかった。それは、帰国児童の存在が当時の小学校の中で「日常的な普通のこと」として位置づけられているとい

うことを彼女が認識することができていたことや、周囲の仲間や兄、叔母など、中国語を活用している人が周りにいたこと、そして、中国語の運用能力が強みだと中学校の教師に気付かされたことで、積極的に中国語の勉強に打ち込むことになったといえる。そして、入試に役立てることができ、高校で中国語を学べる教育環境があったことが、彼女が中国人としての自分を肯定的に捉える意識を高め、中国語力をプラスのエネルギーに活用することができた背景にある。

中国語学習について、今の彼女の心境として、次のように語っている。

> N：自分の子どもにも中国語を教えたい？
> Eさん：そうですね。中国語と英語は教えようと思ってます。小さい頃は意味わかんなくて、なんでこんなことやらなあかんの、中国語を忘れたっていいやん、って思いますけど、今になって、しっかり身につけてたら、ほんまに将来楽やなって。英語も喋れたらほんまに楽やなって思います。
> N：中国語って今は自分にとってどういう存在？
> Eさん：あって当たり前で、もっと磨いていきたい。その辺の人より上は行きたいって思います。

彼女にとっても小学校の時は母語である中国語を学ぶ意義がよくわからなかったようだが、高校生になって、それが重要な意味を持つこと、中国語力が自分を支えていることを認識するようになって、もっと力をつけたいと思うようになってきている。

このように、5人の青年達のライフコースの語りにおいて、中国語に対する意識や、自分の中国性に関わるアイデンティティの意識は、周囲の人との相互作用の中で、徐々に変化してきていることが浮き上がってくる。

この5人のうち、Eさんは、最も早く、中学3年生で受験に有利ということを知り、高校で中国語を勉強できる学校があることを知ったことなどが、変容の契機となった。他の人より若く、時代の変化によって入試における中国語の位置づけの変化があったことも影響していると考えられる。

Aさんは、中学校及び高校での周囲との良好な人間関係や、通訳の体験などがあり、B・Cさんは高校で、そして、Dさんは大学で、中国語への関心を持つ周囲の環境に恵まれて、中国語を話す自分のアイデンティティを確立し、中国語を話せることの価値を再認識するようになっている。このように、自己の中国性へのポジティブな意識変容を起こすきっかけになったことは人によって異なるが、第一に、学校での周囲の友人や教師であり、第二に、中国への好意的な意識をもたらす学校の環境であったことがわかる。また、背景としてCさんとDさんの場合は、家庭での母語使用への母親の強い意志が、彼らの言語意識を支える力として作用していたと考えられる。

　小学校の母語教室は、それぞれの環境や個性により、また、時代によっても、その捉え方が違っているようであるが、A・B・Eさんにとっては、そこで形成された仲間意識が彼らの生活の中で大きなウエイトを占めていたと推測される。

　中国語を話す自分に対する他者の視線について、小学校の時は、A・B・C・Dさんは、負の意識を持っており、隠したいという欲求が強く、日本人の仲間への同化意識が強かったことが推測される。一方、Eさんは、周りに多数の同胞がいて、学校の中では「受け入れる人も多かった」という意識があり、母語教室は仲間と一緒に行くところで、日常的な学校活動の一つと捉えていたようだ。中国語は「少しけなされていた感じ」とも語っているが、ピンインを学んだり、中国語を使ってゲームをしたり、ということがプラスとしての思い出となっているようである。時代による小学校内の環境や意識の変化であるのか、それとも個性によるものか、ここでは判断できないが、当時の学校全体の母語教室の位置づけが明確で、中国語・中国文化に対する理解を深めるカリキュラムが学校にあったことなどから、中国語を話す児童に対する意識が変わってきていることがうかがわれ、それが影響していることも考えられる。また、社会全体の中で、日中関係の変化や、中国語の有用性への意識の強まり、そして、高校・大学での中国語コースなどが開設されたこと、特色入試、大学受験での外国語としての中国語の導入など、社会に新しい動きがあることも関与しているので

はないかと考えられる。

4．母語教育支援のあり方についての示唆
―母語意識の肯定的変容の促進のために

　今回、話を聞いた5人は、ある程度順調に教育課程を進んできた人たちである。さまざまな環境の中で、学習についていけず、学校を脱落した人もいるであろう。すなわち、ここで取り上げた5名の語りに共通して言えることは、自身の中国性を隠しつつ、ハンディを負っている部分を乗り越えながら、生きづらさを克服し、現在は母語（中国語）をある程度維持し、そのことを自己認識の一部として肯定的に捉えることに成功した人たちだということであろう。そうでない人たちがこの中に含まれないことは、そういう人たちがいないということを意味しない。また、語られていない、もっと深層の、複雑な思いも潜んでいるであろう。しかしながら、5人の語りから、母語意識が状況によって変容してきていることは共通している。彼らの意識変容の過程から、肯定的な変容に至る要因を抽出してみよう。

(1)　自文化依拠集団の存在

　ある人たちには、小学校時代の母語教室や同言語環境の友人といられる所が自分の居場所として一つの支えになっており、仲間と共に中国をルーツとする自己の文化集団に依拠することで、負の意識を乗り越えることの一助となったと考えられる。同じような社会文化背景を持つ仲間の集まる母語教室と、居心地のよい一般教室が両輪となって機能することで、両方の帰属意識を育むことができたのであろう。

(2)　中国語の価値への自覚

　中国語を使えることが重要であるという家庭の親の信念が支えになっていた。また、学校で通訳をする機会があったり、受験に活用したり、周囲に中国語を仕事で活用している人がいるというケースもあり、中国語が有用で価値あるものという意識が強まった。

(3)　周囲の人の中国語への関心

　彼らが学校で出会った周囲の人たち（友人や教師）が中国語を肯定的

に見ていたことによって、彼らが自分の中国語力や中国人であることを肯定的に捉えるようになった。それまでは隠したいと思っていた自身の中国性が、他者の好意的な視線によって、自信を持つべき重要なものであるという意識が強まり、母語意識が肯定的になっていったことがわかる。

　以上のことから母語教室の役割を考えるならば、自分に自信を持てる居場所であること、同じ立場の仲間グループへの帰属意識を確立することで心の安定を得る場所であることが重要であろう。そして、母語が使えることが自分にとって有用な価値あることだという認識を他者（周囲の人々）と共に持てるようになる場であること、そして、今後の母語能力を発展させる基礎を作る場として、読み書き能力も含めた学習へのモチベーションが高められる場所であることが必要であろう。そのためには、母語が活用できる場がいっそう広く存在することも必要である。
　ただし、彼らが小学校時代から常に自分の中国性に対する他者のネガティブな視線を意識しているということに配慮し、母語教室の存在が、一般の学級との間に線を引き、彼らが異なる存在として周縁化されることにならないよう、学校全体で中国語や、中国語を母語として話す児童に対する意識を肯定的に受け止める仕組みを作ることが重要である。言い換えれば、日本語以外の母語を話せることに対する学校や社会全体の意識の変容が必要である。
　5人の語りから、母語である中国語や中国をルーツとすることについて考え、肯定的な意識を培い、日本人であることの意識も形成し、本人自身が複合的なアイデンティティを肯定的なものとして確立してきていることがわかる。どちらの文化をも自分のものと考え、それが自分にとってプラスに作用すると考えるようになることで、文化や言語についての意識が発達し、その重要性を理解できるようになる。同時に、異なる文化を背景とする人への意識も変わることが、今回の調査の中の語りでもうかがい知ることができた。
　中国語のケースに限らず、国境を越えた移動の激しいグローバル社会に

おける「生きる力」として、言語や文化等による自身の固定的な枠組みにとらわれず、二つ以上の言語を活用できること、国籍や文化を超えた自己認識や他者認識ができることは、貴重な資質であると考えられる。

謝辞：この研究のために貴重な個人の体験を語ってくれた5人の方々の協力に心からの感謝の意を表したい。

参考文献
過放（1999）.『在日華僑のアイデンティティの変容―華僑の多元的共生』東信堂.
蘭信三（編）（2000）.『「中国帰国者」の生活世界』行路社.
松田陽子・中山尚子（2010）.「中国帰国者子弟の母語教育をめぐって(2)―青年のライフヒストリーから見た母語意識の変容―」『外国人児童の母語学習支援をめぐるネットワーク形成の国際比較』課題番号 19520461, 平成 19-21 年度科学研究費補助金（基盤研究 C）研究成果報告書. 研究代表者　松田陽子.（pp.39-55）.
大久保明男（2000）.「アイデンティティ・クライシスを越えて―『中国日裔青年』というアイデンティティを求めて」, 蘭信三編『「中国帰国者」の生活世界』行路社.（pp.325-351）.
関口智子（2003）.『在日日系ブラジル人の子どもたち―異文化間に育つ子どものアイデンティティ形成』明石書店.

第3章

公立学校におけるベトナム語母語教室

北山　夏季

1．はじめに [1]
⑴　本研究の背景

　これまで多文化児童の言語問題の議論は、日本語教育が中心であった。「いかに日本の学校に適応するために日本語を習得させるかという学習指導論に特化」した多くの研究が蓄積されてきた。そのため、多文化児童の母語教育は、「ほとんど顧みられることなく、あっても日本語使用者に移行するための補完的・補助的な役割しかなかった」と指摘されている（野津2010, p.1）。

　しかし現在、日本語だけでなく母語の教育も重要だとする議論が次第になされるようになってきた。例えば、高橋（2009）は「親と学校の間に存在する壁」を取り払う方策として、公立学校内での母語教室の設置が有効であり、その母語教室に保護者を取り込むことが保護者の学校教育への参加を促し、子どもたちの母語・母文化学習をも促進すると主張している。

　兵庫県でも2006年度から、新渡日外国人児童生徒に対する母語教育支援事業を開始した。この事業により、県内の新渡日児童が就学する小中学校約10数校で母語・母文化学習のための教室が2010年度末まで開催された [2]。この事業の目的は、おおよそ⑴教科学習と日本語能力の形成、⑵アイデンティティ形成の2つが目標にされている（兵庫県教育委員会2009, P.2）。

　筆者はこの事業の一環として行われた甲小学校のベトナム人児童を対象

---

[1]　本章は北山（2012）をもとに加筆修正したものである。
[2]　兵庫県教育委員会による母語教育支援事業は平成22年度末で終了したものの、神戸市においては独自に母語教室を継続支援している。

とした母語教室に関わってきた。そこで本章では、公立学校における母語教室の設置によって保護者がどのように学校や母語教室に取り込まれているか、またそれが児童たちの学習態度やモチベーションにどのような影響を与えたかについて、筆者が収集した観察データから考察を試みる。

(2) 研究の方法

本研究は、主に筆者による関与観察（対象に直接関わりながら、他方で対象を観察する）によって得られた観察に基づいている。筆者は平成18年から22年にかけて毎週、講師としてベトナム語母語教室を担当し、ベトナム人児童一人一人と深く関わりながらフィールドノートにまとめた。また、その間、保護者や甲小学校の教職員たちとも、学校、近隣のカトリック教会、ベトナム人支援NGOの活動への関わりを通して緊密なコミュニケーションを築いてきた。

なお、本研究の実施は甲小学校からの許可を得ている。また論文でのデータ使用の許可を協力者から得ている。

2．甲小学校での母語教育の実践
(1) 甲小学校の概観

甲小学校は兵庫県下のベトナム人が集住する地域にあり、全校児童約200名の小規模学校である。甲小学校では2011年10月現在25名のベトナム系児童のほか、朝鮮半島にルーツを持つ児童も数名在籍している。小規模校のため、教職員たちはほぼ全学年の児童の顔と名前を認識している。ベトナム系児童たちのベトナム名もごく当たり前のように呼ばれ、どの子がベトナム系児童かということも自然に周知されている。しかし、その一方で、ベトナム系児童の中でも通名を名乗る者も数名存在していた。他の地域や学校において外国人児童が日本の学校の同化圧力よって外国人であることを隠蔽する状況が見られるように、甲小学校のベトナム系児童たちもその圧力に脅かされている可能性は否めない。

(2) プログラム内容

　平成18年度から22年度にかけて、甲小学校の母語教育支援プログラムは、年度によって開催回数に若干の違いはあるが大枠は大差がない。本プログラムの特徴を(a) 読み書きの練習、(b) 文化学習、(c) 校内フェスティバルの3点に分けて、説明する。

　(a)　読み書きの練習

　　読み書きの練習には主に一冊の教材『Tiếng Việt Vui（楽しいベトナム語）』を使用し、その教材の流れに従って文字の読み書きの指導を行っている。この教材は在日ベトナム人児童の母語学習のために特定非営利法人トッカビ子ども会によって作成されたものである。多くのベトナム人の子ども達は保護者からベトナム語で話しかけられ、日常生活の中でベトナム語の音声に触れる機会は多い。しかし、それらの音のベトナム文字での表記法は、家族でベトナム語の読み書きの指導を受けていなければほとんど知識がない。そこで、教材『Tiếng Việt Vui』を用いて、子どもにベトナム語の文字と音の関係を気づかせ、文字と音を合わせて覚えさせるということを目標とした。

　(b)　文化学習

　　語学の学習のほかに重視した学習項目は、ベトナム文化についての学習である。ベトナムの年中行事の中で特に重要なものには旧正月がある。また、子どもに関連する行事としては中秋節が挙げられる。そこで、筆者はどの年度においてもその2つの行事にちなんだクイズ形式のプリントを作成して子ども達に解答させたり、ちょうちんや年賀状といった行事にちなんだ作品を制作する活動を取り入れた。

　(c)　校内フェスティバル

　　甲小学校では、毎年2月にベトナム文化、コリア文化を全校児童、保護者、地域住民がともに学習し、親しむフェスティバルを開催している。このフェスティバルに向けて、ベトナム語に翻訳されたロシア民謡『大きなかぶ』の朗読とベトナム語の歌の練習、獅子舞（ムーラン）の講習と実習などを行った。校内フェスティバルは甲小学校の年間スケジュールの中でも最も大きなイベントの一つであり、それゆえ、日

頃ベトナム文化を学んでいる母語教室の児童たちは学校全体に向けて学習成果を発表する絶好の舞台である。そのため、母語教室の年間スケジュールの中でもかなりの時間を割いてこのフェスティバルの発表のために準備と練習を重ねた。

(3) 保護者の取り込み

筆者は、保護者の参加を促す取り組みも行った。それは、以下の「料理教室」と「獅子舞」である。

① 料理教室

夏休みや冬休みを利用して、保護者を招いて児童と教職員、筆者とともにベトナム料理を作り試食する活動を取り入れた。これは、多文化担当教諭の「ベトナム料理を保護者といっしょに作って交流したい」という提案からスタートしたものである。

平成18年度の夏季は3名、冬季は1名、19年度夏季は1名、20年度夏季は1名、冬季は3名（内、男性1）、21年度夏季は3名、冬季4名（内、男性1）、22年度は夏季4人、冬季は7名（内、男性2）の保護者が参加した。料理を作るという内容のため、参加者は母親が多かったが、父親の参加もあり、彼らは調理には参加せず、試食の時間に参加した。

② 獅子舞

校内フェスティバルでは獅子舞発表を行い、保護者に参加を強く呼びかけてきた。当初は参加した保護者が少なかったが、しだいに参加者も増え、関心も高まっていった。親たちは獅子舞の衣装の足りない分を縫製し、獅子舞の衣装のための生地を購入しに行き、獅子舞の指導にあたってくれた。中には「昨年の太鼓の叩き方は日本流だったので不満だった。今年こそはベトナム流の叩き方を子どもたちに伝えたい」と主張し、「ベトナム流」のお囃子を伝授する積極的な親も出現した。さらに、保護者が近隣のカトリック系ベトナム人コミュニティに獅子舞を紹介してくれたことにより、児童達は旧正月祭りへの出演依頼を受け、獅子舞を披露した。

3．考察
⑴　保護者にとっての母語教室の意味

　まず、ベトナム人保護者にとって公立学校における母語教室の設置はどのような意味を持っているのか、ベトナム人保護者の語りから考察してみたい。

　甲小学校では毎年母語教室が開催される直前の6月初め頃にベトナム人保護者会を開いている。校長あるいは教頭、多文化担当教諭、母語講師、そしてベトナム人児童が在籍する学級の担任が可能な限り顔をそろえ、まずは母語教室の開催を宣言する。どのような趣旨で母語教室を開くのか、学校側の考えを伝え、保護者からの賛同と協力を求める。そのあと、学校教育や子育て全般に関する質問や相談がないか、保護者に問いかけるという流れで行われている。保護者の参加者は18年度4名、19年度2名、20年度3名、21年度3名、22年度3名であった。参加した保護者はみな控え目で、特に学校や母語教室に対して何かを求めるということはなかったが、毎年共通して述べられるのが、学校への感謝の言葉であった。

　「日本の学校で私たちの母国語を子どもたちに教えてくださるなんて、こんなにうれしいことはありません。とても感謝しています」（平成20年度保護者会でのある保護者Hのコメント）。

　21年度の保護者会では、これまで参加したことのなかったある児童の父親が参加し、以下のような発言があった。

　「ベトナム人保護者を代表して述べさせていただきます。日本の学校が、私たちベトナム人のことに配慮してくださり、私たちの子どものためにベトナム語や文化を学ぶ機会を与えてくださり、心から感謝します。本来は私たちベトナム人が子どもたちに教えなければならないことを、日本人の先生方が一生懸命に教えてくださっていて恥ずかしいです。ここに参加した保護者もとても数が少なく、何か学校行事があっても協力する保護者は限られていて、申し訳なく思います。ここに出席しなかった人たちにも学校や母語教室にもっと積極的に協力してほしいと思います。」（平成21年度

保護者会での保護者Tの発言）

　保護者Tの発言も、ベトナム人保護者の取り込みの難しさを示している。甲小学校では学校行事に関するお知らせや保護者の同意が必要な事柄についての文書は全てベトナム保護者向けの翻訳を作成している。保護者会のお知らせについても翻訳版を送付してきた。それでも平成21年度保護者会の出席者は3名だった。

　上述の保護者HとTの発言の両方に「感謝」という言葉が見られる。日本の学校において自分たちマイノリティの言語や文化を教える場があるということは、「学校の歩み寄り」の分かりやすい例と言えるかもしれない。Tran (1992, p.79) が保護者を取り込む方法として提案している中に「心からの対話」がある。つまり、校長を中心として学校側がベトナム人保護者に対して敬意と関心のある対話を示すことで、彼らの学校参加と協力を得ることができるということである。甲小学校の母語教室設置は、学校側のベトナムの言語や文化への敬意と関心の現れとしてベトナム人保護者たちに理解されていると考えられる。

(2) ベトナム人保護者の変化

　次に、母語教室設置によってベトナム人保護者に見られた変化について考察する。母語教室が開設された当初は、教室についての情報が十分にベトナム人保護者に浸透していなかったと見られ、反響が薄かったが、子どもたちが獅子舞を発表した直後から母語教室に関わる姿が観察された。

　保護者Tは「ほかのことだったら教えられないけど、獅子舞の太鼓だったら教えられる」と筆者に強い口調と真剣な顔つきで語ったことがある。Tは母語教室開設当初は保護者会に出席することもなく、母語教室に関わろうとする姿勢も観察されなかった。しかし、彼の言葉にあるように、獅子舞の太鼓という自分の文化資本を発揮する場が出現したことで、積極的に関わるようになったと考えられる。

　また、保護者Tの配偶者である保護者Cは筆者に向かって以下のように述べている。

「ベトナム人どうしで集まるのを避けていたけど、何年か母語教室運営のためにあなたが尽力している姿をみて、応援したいと思いました」（保護者C、2010年3月26日インタビュー）

　平成20年12月に6年生の総合学習の資料作りのため、6年の担任教師が家庭訪問し、来日や定住の経緯について聞き取りを行った。筆者も通訳として同行した。その中で、保護者CとTの家庭も訪問した。その際、Cの作ったベトナム麺「フォー」を勧められた。非常に美味しかったので、6年担任とともに「美味しい」と何度も褒めた。その後もこの家庭を訪れた際、保護者Cは筆者にフォーを振る舞い、フォーを作ることに自信を見せるようになった。その結果、21年度の母語教室の料理教室に参加するようになり、冬季には「フォーを先生たちに差し入れしたい」と筆者に申し出た。22年度冬季の料理教室ではCのフォーがメイン料理として登場した[3]。先の保護者Tの変化と同様に、保護者Cもまた、彼女自身が自信を持てる文化資本を見つけることで、母語教室に関わるようになったと考えられる。

　しかし、ベトナム人同士が一体となって学校に参加することには難しさがある。甲小学校の校区とその周辺にはインドシナ難民として来日した経緯を持つベトナム人が集住している。彼らは難民受け入れの一時収容施設である定住促進センターでの同期生であったり、先輩・後輩であったり、またその呼び寄せ家族であったりして、互いにある程度知り合っている。

　しかし、20年以上かけて形成されたベトナム人コミュニティの中では複雑な人間関係が存在している。筆者は保護者T、C、Hや同校区に住むベトナム人住民たちが「ベトナム人はややこしい」[4]という表現をするのを何度

3　平成19年度から保護者Hが中心となり、筆者と多文化担当教諭と相談して料理教室のメニューを決め、調理の際も中心人物として動いてきたが、平成22年度冬季からあと一年でHの子が卒業するため、「他の保護者にバトンタッチしなければいけない」と言い、保護者Cにフォーの調理を頼んだ。

4　「ややこしい」という単語はベトナム人保護者はコミュニティのベトナム人たちが phức tạp（直訳すると「複雑」）の対訳として使用する。インタヴューにおいても「ベトナム人はややこしい，phức tạp」という発言があったため、本稿では「ややこしい」という表現を使用する。

も耳にした。この「ややこしさ」とは、北ベトナムから脱出した難民と中部を含む南ベトナムからの難民との間の政治的、文化的相違によるエスニック・コンフリクト（川上2001, p.121）や宗教の相違による摩擦、コミュニティ内に行き交う特定の個人やグループに関する噂に巻き込まれる煩わしさを指していると考えられる。学校に集まることについてもこの「ややこしいもの」に巻き込まれるという危惧があり、それがベトナム人保護者の学校や母語教室への取り込みを難しくする要因の一つとして考えられる。

(3) ベトナム人児童の学習態度とモチベーション

　続いて、ベトナム人児童の母語・母文化学習に対する態度とモチベーションについて考察する。彼らは家庭の中で親族が話すベトナム語を耳にして成長してきたため、ほとんどの児童が生活言語レベルのベトナム語を聞いて理解することが可能である。そのため、ベトナム語学習の多くの場面において、ゲームを楽しむように参加する様子が観察される。

　しかし、中には学級担任や多文化担当教員に強制的に「参加させられている」と感じている児童もいる。高学年では「ベトナム語なんて嫌や」と母語教室に否定的な態度を示したり、筆者に対して暴言や反抗的な言葉を投げつけて授業を妨害する児童が数名いた。高学年の母語教室に対するネガティブな態度は、低学年の時には常にポジティブな態度で学習していた児童たちの中にも観察されている。以下は、そのような児童たちとのやり取りを記述したメモの抜粋である。

> 　授業が始まるまで多文化担当のS先生がおらず、子どもたちは母語教室が嫌だと悪態をつく。私はHNの尻を叩くふりをする。4年のHNが私の近くまで寄ってきてしつこく挑発する。すると、HNが「変態」とさらに挑発。「HNのお尻を触ったって、うれしくもなんともない」と私。すると6年のHAとYUが「セクハラで訴える」とHNに入れ知恵をする。「セクハラ」とHN、YUがおもしろそうに茶化す。「弁護士の友達がいるから守ってくれる」と私。すると「弁護士なんて金取りたい放題」とHA。「子どものくせに知ったようなことを言うんじゃな

い」と言いながら、黒板にポスターを貼ったり字を書いたりしていると、4年のHTが「先生は変わった。前はこんなに怖くなかったのに」。はっとしながらも「私が変わったんじゃなくて、変わったのは君たちでしょう。1年生、2年生のときの君たちは、ベトナム語を勉強したくないなんて言わなかったし、かわいかったよ。今の君たちは先生に嫌なことを言う」と言う。そこへS先生登場。(2009年10月22日フィールドノートより)

　母語教室が開設された年、上述の4年生はまだ1年生であった。当時、毎回の母語教室に目を輝かせ、楽しそうに参加していた児童たちも高学年クラスに上がると母語教室に対して消極的な態度を示す。講師である筆者も数年前は彼らと笑顔で向き合い、楽しく授業をしていたにもかからず、母語教室に否定的な発言をする児童に対して顔をしかめ、声を張り上げて注意している。筆者が「はっとした」のは、HTの「先生は変わった」という指摘を聞き、光景の違いに改めて気づかされた瞬間である。
　しかしながら、高学年児童のこのような消極的な態度が常に観察されたわけではない。これまでと同様に楽しそうな様子も多くの場面で観察されているのである。小学生の発達段階が大きく変化するのは4年生であるとする指摘(文部科学省2005、柿・辻河2008)があるが、母語教室の児童たちにもちょうど当てはまるのではないだろうか。柿・辻河(2008)は、4年生は「自分を出してみて、それがどうなのか考え直しながらやっていく」ように変化していく時期であるという。また、4年生後半からは、「自我が芽生えてきて、大人に対する批判も鋭くなる」(柿・辻河2008, p.15)のだという。このような発達段階の変化が母語教室における消極的な態度という形で表れているのではないだろうか。
　では、このような発達段階の大きな変化を経験する過程で、子どもたちは母語教室に対してどのようなモチベーションの向上を見せたかについて考察する。
　2010年1月中、3回開催された母語教室において、保護者Tが太鼓の指導を行った際、真剣に技術を学ぼうとする高学年児童たちの姿が観察され

た。さらに、2011年2月の校内フェスティバルで獅子舞を演じた後の感想文で、児童たちは次のように述べている。なお、以下はひらがなを漢字に置き換える以外は原文のままを掲載している。

「(中略)Tさんに動きを大きくしろと注意されました。だからすぐ注意された場所を直しました。(中略)先生やTさんに教えてもらったり、怒られたことをちゃんとやればいいと思って待っていました。(中略)そして踊って、迫力のある演技ができました。(中略)獅子舞がまたあるとしたら、もうちょっと、迫力のある演技をしたいです。」(2011年2月　小5男子HTの作文)

「(中略)獅子舞の練習のときの前に大人の人がやっているのを見、大人の人が足を合わせたりいっしょにジャンプをしたりしているのを見てすごい迫力があって僕は獅子舞をやったとしたらあんな動きできるかなぁと思いました。」(2011年2月　小5男子IHの作文)

「(中略)終わって、お母さんにいろいろ言って、もっとすごい獅子舞をしたいなぁと思いました。Tさんが服を注文してくれてその服をきて、少し大きいと思ったけど、いいなぁと思いました。」(2011年2月　小5男子TLの作文)

IHの「僕は獅子舞をやりたかって」、HTの「もうちょっと迫力の演技をしたい」、TLの「もっとすごい獅子舞をしたいなぁ」の記述に、獅子舞への高い関心や「次も獅子舞を発表しよう」という意欲が現れている。また、これらの感想文から、児童たちが保護者Tや、模範演技を見せた地域のベトナム人や母親などのベトナム人の「大人」の存在や関わりを意識しているのが分かる。つまり、保護者たちの関与が児童たちの獅子舞に対する意欲を高めた要因の一つとして考えられるのではないだろうか。

さらに、平成23年度初めての母語教室の高学年クラスで、冒頭に多文化教諭が「どうして母語を勉強するの？」と児童たちに向かって質問したと

ころ、6年生HNは「お母さんがベトナム語しか喋れないから、ベトナム語を勉強する」と発言した。続いて6年生TLが手を上げ「家の人がベトナム語を喋るから」と答えている。このことから、児童たちが母語・母文化を学ぶ意義を「家族のため」と意識していることが分かる。

4．総括

　本章では、公立学校における母語教室の設置によって保護者にどのような変化が見られ、どのように学校や母語教室に取り込まれたか、またそれが児童たちの学習態度やモチベーションにどのような影響を与えたかについて考察を試みた。その中から「保護者にとっての母語教育設置の意味」、「児童の母語・母文化学習に対するモチベーションと保護者の取り込みの関係性」、「今後の課題」の3点に絞って本章のまとめとしたい。

(1)　保護者にとっての母語教室設置の意義

　甲小学校においてもベトナム人保護者の取り込みの難しさがあることが確認された。この難しさは、Tran (1992) が指摘する学校側と保護者側のコミュニケーションの問題や保護者の学校教育に対する不理解から来るものだけではなく、ベトナム人が集まることから生まれる「ややこしさ」への恐れから来るものもあることが明らかになった。

　20年余りのコミュニティ形成の中で作られてきた「ややこしさ」はそう簡単に消え去るものではないだろうが、そのわだかまりを越えて、自己が持つ文化資本を発揮する場が母語教室である。Tran (1992, p.79) が提案する学校からの「心からの対話」のように、甲小学校の母語教室設置は、学校側のベトナムの言語や文化への敬意と関心の現れとしてベトナム人保護者たちに理解され、保護者Tや、C、Hのように自己の文化資本を発揮する場として認知されるならば、今以上の保護者の取り込みが可能になるのではないか。そのためには母語講師や多文化教諭、学校管理者等の学校側がさらなる「心からの対話」を保護者たちと続けなければならない。そしてその中で、保護者それぞれが母語教室に参加できる要素、つまり彼らが誇る文化資本をともに探していかなければならない。

(2) 児童の母語・母文化学習に対するモチベーションと
保護者の取り込みの関係性

　低学年時では、母語教室でポジティブな学習態度を見せていた子どもたちが、発達段階が大きく変化すると言われる4年生になって反抗的な態度を見せるようになった。しかし、獅子舞が母語教室参加へのモチベーション向上に大きく影響し、4年生以降の大きな変化を乗り越えていく契機となっていることが確認された。獅子舞という文化学習活動にベトナム人の保護者が関わっているということを児童たちが認識することで、獅子舞に対する意欲の高まりに繋がったと考えられる。この獅子舞学習に対するポジティブな態度は母語教室全体の活動に対するモチベーションにも良い影響を与え、「家族のために学ぶ」という児童たちの母語教室の意義を見出すことに繋がったのではないだろうか。家族のために母語が役に立つのだという意識が児童の母語・母文化学習のモチベーションの維持・向上に繋がる。そのため、その意識を持ちつづけさせるためにも学校において保護者を「目に見える存在」とし、保護者の取り込みが必要なのである。

(3) 結びにかえて

　本研究では、ベトナム人保護者の立場から見た母語教室の意味や教室に参加することによって生まれる児童の母語・母文化学習への影響について考察した。

　平成28年10月現在、甲小学校のベトナム語母語教室は維持されている。甲小学校ベトナム語母語教室開設から10年が経ち、この教室に関わる人々（ベトナム人児童、その他の児童、学校の職員、ベトナム人保護者、そして母語講師）も変化した。人の移動が続く中、この教室に関わる人々の間で、子どもたちが成し遂げてきた輝かしい活動の歴史や、教室の意義を共有することの難しさを感じるようになった。エスニックマイノリティの言語が社会的資源となり、その言語話者が将来の地域社会の人的資源となるという考え方は未だ一般社会には定着していない。なぜ公立学校でエスニックマイノリティの子どもたちの母語の支援をしなければならないのかという疑問や違和感を表した教職員に、支援の意義を説明し理解を求める必要も

生じてきた。

　日本社会において、エスニックマイノリティの言語が社会的資源として認められることは、未だ厳しい状況にある。それは、母語としてのベトナム語教育の場合に限らず、外国語としてのベトナム語を学ぶ場合でもそのように実感する。「なぜベトナム語を学んだのか」という質問はこれまで筆者に何十回と向けられ、その言葉の裏には「なぜそのような社会的価値の低い言語を学んだのか」という意図が暗に読み取れた。そのようなとらえ方が一般的である社会は、ベトナム人児童生徒たちにも「何のためにベトナム語を学ばなければならないのか」という疑問を投げかける。「自分の財産だから」、「社会的・人的資源だから」こそ、このマイノリティ言語を学ぶのだということが当たり前となる社会へ転換していかなければ、エスニックマイノリティの母語教室は常に存続の危機を抱えることになるだろう。

　最後に、甲小学校ベトナム語母語教室をはじめ、日本各地の母語教室で母語・母文化を学んできた「子どもたち」が成人し、母語を活用する人材となることによって、母語が社会的資源であることが再認識されることを祈りつつ、筆を置きたい。

参考文献
兵庫県教育委員会（2009）.『平成20年度新渡日の外国人児童生徒に関わる母語教育支援事業実践報告書』.
川上郁雄（2001）.『越境する家族─在日ベトナム系住民の生活世界』明石書店.
柿慶子・辻河昌登（2008）.「小学生の学校ライフサイクルに関する臨床心理学的研究」『学校教育学』第20巻.（pp.9-17）.
北山夏季（2012）.「公立学校におけるベトナム語母語教室設置の意義について─保護者の取り組みと児童への影響」『人間環境学研究』10（1）.（pp.17-24）.
文部科学省中央教育審議会（2005）.『義務教育制度の改革の方向』
　　<http://www.mext.go.jp/b_menu/shingi/chukyo/chukyo 0 /toushin/05082301/008.htm>
野津隆志（2010）.「母語教育の研究動向と兵庫県における母語教育の現状」『外国人児童生徒の母語学習支援をめぐるネットワーク形成の国際比較』平成19年度〜21年度科学研究費補助金（基盤研究（C）研究成果報告書）.（pp.1-14）.

高橋朋子（2009）.『中国帰国者三世四世の学校エスノグラフィー――母語教育から継承語教育へ』生活書院.
Tran, M.(1992). Maximizing Vietnamese parent involvement in schools, *NASSP Bulletin*, (pp.76-79).

第4章

バイリンガルビデオレターによる教授法と母語学習の動機づけ

落合　知子

1．はじめに
(1) 本章の目的
　多文化児童の母語学習には様々な困難が存在する。その一つに「学習動機の維持の困難」が挙げられる（中島2003）。母語学習教室では、小学校低学年までは喜んでやってきたこどもたちが高学年になると「なぜ自分は母語を学習せねばならないのか」疑問を抱く姿がたびたび観察、報告されている（北山2012、落合2012）。中学に入ると、勉強内容の高度化、部活動、教室の同化圧力の強まりなど様々な理由で母語学習教室から足が遠のく（松田・中山2010）。他方、中学校後半から高校にかけて広く進路を考える時期に、ある者は学習仲間に恵まれて（中島2003）、ある者は母語を自分のライフチャンスを広げる「ポジティブなもの」（同上）ととらえなおして、母語学習を再評価する例もある。
　いずれにしろ、小学校高学年から中学校までの間、子どもたちの母語学習の動機を維持するためには、友人に恵まれるなどの学習環境や子どもたちの意欲を引き出す教授法など様々な要因・工夫が重要である。
　本章では、主に小学校高学年以降の子どもたちをターゲットに母語学習動機を維持させることを目的とした教授法の実践として「バイリンガルビデオレター」を用いた交流授業について報告し、その意義を示したい。

(2) フィールド概観
　本章は兵庫県内の公立小学校甲小学校に設置されたベトナム語母語学

習教室での観察・調査に基づいての報告である。甲小学校は全校生徒、約200名、ほぼ１学年単学級の比較的小規模な学校である。そこに2016年度は23名のベトナム系児童が在籍し、そのうち21名が母語教室に参加している。このほか朝鮮半島にルーツを持つ児童も十数名在籍し、フィリピンとアメリカ、中国にルーツを持つ生徒も各１名、合計３名在籍している。

甲小学校に在籍するベトナム系児童のほとんどは親世代が来日した移民２世であり、家庭ではベトナム語で、学校では日本語で生活する複数言語環境で育っている。子どもたちのベトナム語能力は非常に多様である。家庭で保護者によるベトナム語教育を受けて会話力だけでなく識字能力もある子もいるが、多くの子どもは聞く力はあるが、話す力は相対的に弱く、読み書きは母語学習教室で初めて触れている。

甲小学校では2006年より兵庫県事業により、週に１回、放課後に低学年と高学年各１時間（授業45分、休み時間15分）ずつのベトナム語母語教室が開かれてきた。2010年、兵庫県としての事業が終了したのちは神戸市が日本語育成のための母語教室と位置づけ、事業を引き継いでいる。母語講師は、開始から10年間、近隣のベトナム人自助組織が開催するベトナム語教室で講師を務めていたＫ（ベトナム留学経験のある日本人）が担ってきた。母語学習教室では、甲小学校の多文化教育担当教諭と何人かの担任教諭も教室に入り、母語講師の指導を補助している。

筆者は2006年より、この母語学習教室のイベント時などに、観察に通い、2011年から2015年の５年間は甲小学校のスクールサポーターを勤めながら母語学習教室に毎回参加し、その営みを観察し、記録に残し、高学年児童へは定期的にインタビュー調査を行ってきた。

そこでは年間を通じてベトナム語の歌や物語に親しみ、ベトナム語の文字や発音を覚え、ベトナム語かるたで語彙を定着させ、季節によっては中秋節や小正月（テト）を楽しみ、ベトナム獅子舞ムアランを習得し、そうして学習したベトナム語・文化を全校生徒へ披露してきた。

(3) 母語学習動機づけに関する先行研究

この甲小学校の母語学習教室では母語講師や多文化担当教諭の教授法や

教室づくりの工夫[1]の下、おおむね、子どもたちは喜んで放課後の母語学習教室に通ってきてはいたが、やはり小学校4年生を境に、母語学習教室に来ることの意味を問う児童や、友人関係や講師の変動時などに母語学習室に来ることを拒む児童も現れる。この子どもたちの成長とともに観察される母語学習動機の低下は何故起こるのだろうか。ここで先行研究から簡単に整理しておきたい。

　母語学習における「学習動機の維持の困難」についてはいくつかの原因が指摘されている。中島（2003）は、①「主要言語と母語の社会的格差が大きい場合、社会による母語へのマイナスの価値づけを母語学習者が内面化してしまう」ことや、②「母語学習は『親のチョイス』であるため子どもにとっては受け身の学習になってしまう。親の熱意が低学年ではプラスに働いたものが高学年では子どもへのプレッシャーとなり、マイナスに働いてしまう」など、子どもたちの母語学習動機が低学年から高学年への移ろいの中で低まる理由を説明している。

　北山（2012）も自らが母語講師を勤めた母語教室における小学校低学年の参加者の母語学習へのポジティブな態度と、対照的に高学年の子どもたちのネガティブな態度に変わって行く様子を詳述したうえで、小学生の発達段階が大きく変化する4年生という時期に自我が芽生え、大人に対する批判が鋭くなることが、その変化の背景にあると説明している。（前章参照）

　それでは、小学校高学年になると、なぜ親の母語教育への熱意は子どもたちにとってプレッシャーになるのだろうか。自我の芽生え、大人への批判はなぜ母語へのネガティブな態度へとつながるのだろうか。これらの問いを検討するために言語学習の動機に関する先行研究を紐解いてみる。

　Gardner & Lambert（1972）によると、言語学習の動機にはその学習言語を話す人々への好意、その人々の一員になりたいという気持ちが深くかかわるという。その言語話者への好意、一員になりたいという気持ちが学習意欲に結びつき、語学力の向上をもたらすという「統合的志向（integrative orientation）」の存在を指摘し、就職や進学などの「道具的志

---

[1] 甲小学校の母語学習教室の日常的な教授法に関する工夫に関しては落合（2012）に詳しい。

向（instrumental orientation）」と対比させた（Gardner&Lambert 1972、八島2004）。

　またGiles, Bourhis & Taylor（1977）は民族言語的バイタリティーという概念を提示し、それは言語の社会的地位、話者の社会的分布、制度的な支援で規定されるとした（Giles, Bourhis & Taylor, 1977）。八島（2004）は「民族言語的バイタリティーの強い言語の実用的価値が高く、学習意欲が起こりやすい」（八島2004, p.64）としている。

　日本における年少の母語学習者、特にその母語が当該社会で少数言語である場合、子どもたちが一体感を得たい、すなわち「統合」を志す母語話者とはおそらく第1に家族であろう。そして小学校低学年まで家族は子どもたちを取り巻く非常に重要な社会環境である。家族という限定された社会環境の中で母語は民族言語的バイタリティーが強く、子どもたちは家族との一体感を得るために強い学習意欲を持って母語学習に臨む。しかし、小学校低学年から高学年へと移行する時期、子どもたちにとって最重要な社会環境は家族から友人、学級へと広がっていく。そうした社会環境の広まりの中、統合を目指す先は母語を語る家族だけでなくなり、日本語を使用するクラスの友人たち、学校社会と移行する。母語の民族言語的バイタリティーは子どもたちの社会環境の広まりとともに高まる日本語の民族言語的バイタリティーと交代するがごとく相対的に弱まっていくのではないだろうか。

　このとき、母語学習教室の内部の同じ母語を学習する友人たち、母語講師と良好な関係を築けていれば、迷いながらも多くの子どもたちは母語学習教室内の人間関係を大切にすることでこの時期を乗り越えていく。しかし相対的に人数も少なく、放課後に設定された母語学習教室よりも、クラスの友人たちへとの同一感、一体感を求める気持ちが勝るとき、母語学習への熱意が減退してしまう事例も少数ではあるが、観察された。

　ではそうした子どもたちに母語を語るコミュニティを強く意識させるにはどうしたらいいだろうか。母語バイリンガルビデオレターの作成・上映・交換を通じて、母語を語るコミュニティを構築することについて述べたい。

2．バイリンガルビデオレター作成・交換プログラム

「バイリンガルビデオレター」つくりの試みは、母語講師Kの発案により始まった。ベトナム語を話す「仲間」に向けてベトナム語と日本語のバイリンガルビデオレターを作り、交流することが目的である。バイリンガルビデオレターの作成は2014年度と2015年度の2回実施され、2015年時点も交流が継続中である。本章では主に2014年の試みに焦点を当て、その活動とそこから得られた知見を報告する。

⑴　準備段階としてのアイデンティティテキスト

　このバイリンガルビデオレター発案の基は「アイデンティティテキスト」（Cummins & Early 2011）と呼ばれる教授法である。これは多言語社会カナダで実践された、複数言語環境にある子どもたちが母語と学習言語の二言語で自らを表現するバイリンガル学習実践である。友人同士、母語能力が高いものと、学習言語能力が高いものがそれぞれの力を補い合い作品を制作し、完成作品は教員やクラスメート、時にはインターネットを通じて祖国の親戚にも見てもらう。これらの活動により、自分の持つ2言語能力を高め、他者との協働により自己表現力を身につける。さらには学習過程で母語能力の高い家族やコミュニティメンバーの力を借りることでそれらの人々との絆を深める。そして作品を発表することで2言語能力を周囲に可視化し、本人が自信を得るともに、周囲の子どもや大人に普段は見えない子どもたちの持つ母語能力や母文化への思いを知る機会を与える。その結果として異文化理解、国際理解、地理の知識の獲得、自文化を相対化してとらえる機会が周囲に提供される（落合・松田2014）。

　甲小学校のベトナム語母語教室でも、2013年の3学期に「MY　PRIDE〜私のベトナム自慢」というタイトルでアイデンティティテキストつくりが始まった。

　まず、自分が自慢したいベトナムにかかわる経験（例えば「家族で食べた料理」「海に行った思い出」「ベトナムのプール」など）を絵画にし、その絵の内容を説明する日本語作文を作成する。その後母語講師の支援を得ながら、日本語作文をベトナム語化し、作品をパワーポイントにまとめた。

さらにその作品は3月に地域で行われた「多文化子どもフェスタ」（NPO主催によるコリアとベトナムにルーツのある多文化児童の文化発表会）において発表された。すべての作品が展示され、さらに希望した3人の子どもについては、両親、甲小学校の教員、地域の人々の見守る中、パワーポイントを用いて本人がベトナム語と日本語で作文を読み上げた。

この活動を通じて、子どもたちは絵や日本語、ベトナム語で自己表現を行い、それを関係者が見守る。特に普段隠されているベトナム語能力が可視化され、称賛の対象となった。子どもは賛辞を得ることで自信を持ち、周囲の理解にもつながることが観察された。そこで、次年度はこれをもう一歩進めた形でバイリンガルビデオレター作成とその発表を行うことになった。

2013年度　アイデンティティテキスト活動で作成された作品

(2) バイリンガルビデオレター作成手順

2014年度のバイリンガルビデオレターの作成は2学期前半と3学期に行われた。参加したのは2014年度の3年生から6年生までの18名であった。

バイリンガルビデオレターの作成は下記の手順で行われた。

① ビデオレターの交流相手の明確化

② 日本語作文の作成
③ ベトナム語への翻訳
④ 作文内容に適した写真撮影
⑤ 日越バイリンガル作文の読み上げ練習
⑥ ビデオレター撮影と動画編集
⑦ 上映会

以下に個々の作成過程を記述する。
① ビデオレター交流相手の明確化
　2014年度はベトナムの世界遺産ハロン湾に位置するF小学校の生徒に交流相手を依頼した。母語講師のKが以前より頻繁にF小学校を訪れていた。そこで母語講師Kが、世界遺産ハロン湾の映像やそこに建つF小学校、小学生の暮らしをビデオで撮影した。甲小学校の母語教室でそれを上映し、まず交流相手のイメージを甲小学校の子どもたちに明確に与えることから作業は始まった。
　そのうえで「『私の町じまん』のビデオレターを日本語とベトナム語で作ってF小学校のみんなに見てもらおう。F小の子たちはきっとハロン湾を自慢してくる。私たちは何が自慢できるかな？みんなで考えてみよう」と呼びかけた。
② 日本語作文の作成
　作文テーマを「F小学校の子どもに自慢する私たちの町や暮らし」と設定し、5～7人ずつの3つのグループに分けた。私たちの町や私たちの暮らしの何が自慢できるか子ども同士で話し合い、「日本の四季、特に寒い冬」「ベトナム料理バインセオに似た日本料理お好み焼き」「阪神大震災で倒壊したが立ち直った高速道路」「遊具がいっぱいある校庭」などそれぞれが自慢に思うキーワードをグループごとに列挙した。「私の町」「私の学校」「私の文化」の3つがテーマに決まった。
　その後、各自が3つのテーマの中から自らが最もF小の子どもたちに伝えたいキーワードを選び、それをもとに各自で日本語作文を作成した。

子どもたちの考えた町の自慢をKJ法でグルーピングする

③　ベトナム語への翻訳

　子どもたちが作成した日本語作文のベトナム語への翻訳は、主にＫが中心になって指導した。家庭で保護者の支援を得ることも期待したが、翻訳作業は日越両言語に通じていなくてはならず、実際にはむつかしいことが分かった。またちょうどこの時期、他大学のベトナム語研究者４名が甲小学校のベトナム語母語教室を見学に訪問した。彼らに翻訳作業の支援を依頼し、子どもと一緒にマンツーマンで翻訳作業に取り組んだ。

④　作文内容に適した写真撮影

　ビデオレターでは街や学校の風景を写真に撮って紹介しようということになった。そこで２言語作文がほぼ完成したのち、母語学習教室の時間に写真撮影に出かけた。撮影場所は「コンビニ」「ベトナム食材店」「阪神大震災で倒壊したのち再建された高速道路」「学校の遊具や図書館」「ベトナム系住民のためのお寺」など多岐にわたった。一般の教諭らは「ベトナム寺院なんて初めて行った。私たちにとっても良いフィールドワークになった」とのちに感想を語っている。

⑤　日越バイリンガル作文の読み上げ練習

　バイリンガルビデオレターでは作成した作文を両言語で読み上げる子どもたちの姿を撮影した。子どもたちはベトナム語の作文読み上げ

の練習に懸命に取り組んだ。このとき、ベトナム語が堪能な保護者の何名かが子どもたちのベトナム語の発音の指導に当たってくれた。これまで、ベトナム語学習にあまり熱心でなかった5年生のEが母親の協力を得て、熱心にベトナム語作文の読み上げ練習を行った。また6年生ではベトナム語能力が最も高く、識字力も備えたNが自分の作文だけでなく同級生の6年生の作文読み上げの発音指導を買って出て、昼休みなど母語講師のKと6年生のNが他の6年生6名の指導を行う姿が観察された。

⑥　ビデオレター撮影と動画編集

　撮影は2週に分けて行われた。撮影・編集には関西大学の総合情報学部の協力を得てiPadを利用して行われた。iPadは誰でも操作が可能で、何度でも撮り直すことが可能なので、本番録画用とあわせて合計5台のiPadを子どもたちに渡し、子どもたちはそれを使い自由に練習し、本番の撮影も子どもたちが交代で担当した。

子ども同士が励ましあいながらビデオレターを撮影した。

⑦　ビデオレターの交換

　撮影した作品は、関西大学総合情報学部院生Tが「私の町」「私の学校」「私の文化」というタイトルの3本のビデオ作品に編集した。いずれも5分から10分で音楽を入れ、子どもたちの作文読み上げと関連

写真の挿入を交互に行う見ごたえのある作品に仕上げた。
　それを動画サイト上に限定公開で投稿し、交流相手のＦ小学校の関係者に閲覧を依頼した。ほぼ同じ時期Ｆ小学校からは小正月テトの１日を追ったスライドショー構成のビデオレターがＥメールに添付されて届けられた。

⑧　上映会
　Ｆ小学校との交流映像を３月後半に、①学校のベトナム系保護者会、②母語学習教室の卒業生を送る会、③地域のNPO、と３回の上映会を開き、ベトナム系の保護者、担任、母語学習教室の仲間、地域の人々に鑑賞してもらった。

ベトナム系保護者会で上映されたバイリンガルビデオレターを
見つめる担任の先生たち

３．考察

　このバイリンガルビデオレターの作成から上映までのプロセスで生徒の学習環境には次のような変化が観察された。すなわち「iPad 利用による効果」、「生徒間の協働」、「生徒―保護者間の協働」、「一般教師の理解の深化」である。以下にこれらの変化について述べる。

(1)　iPad 利用による効果

　ビデオレター撮影時に iPad 合計５台を子どもたちに持たせ、本番の撮影

や待ち時間にスピーチの読み上げ練習をするお互いの姿を撮影してもらった。残っていた映像を分析したところ、何度も何度もカメラに向かって練習し、照れて笑う姿、本番で練習の成果が発揮できずに悔し涙を流す子どもなどが撮影されており、集中力を持続しながらベトナム語学習に取り組んでいたことがわかった。

　また、ビデオには声を出し母語を話す場面が記録されており、子ども達は自分が母語を使う機会を客観的にみるという日常生活ではあまりない経験をした。母語能力が可視化されるビデオレターの撮影であるため、多くの子どもたちはある種の緊張感をもって、事前に読み上げ練習に励み、本番に臨んだ。iPadを活用することで、集中力と緊張感をもったベトナム語学習環境が出現したと言えよう。

(2)　生徒間の協働

　子ども達は友人がベトナム語を話すことに緊張し、練習通りにできなくて時に悔し涙を流す姿を見守り、励ましながら、撮影を担当した。また6年生のNへのインタビューでは、他の6年生の読み上げ練習を指導し、「人の役に立てること」を経験し、自己効力感を高めたことが分かった。

　ビデオレターの作成を通じて、母語学習教室内で子どもたちがベトナム語能力を向上させるための協働関係が育まれたと言える。

(3)　生徒─保護者間の協働

　作文の日越翻訳では関与が難しかったベトナム系保護者も、ビデオレター撮影直前の「ベトナム語の読み上げ練習」では大きな力を発揮した。数名の子どもが家庭でベトナム語作文の読み上げを保護者に指導してもらった。特に5年生のEはのちにインタビューに答えて、ビデオレターのベトナム語読み上げ練習時に「お母さんとベトナム語を練習したこと」を「ベトナム人でよかったこと、ベトナム語の勉強をして良かったこと」として挙げている。

　その後6年生に進級したEは、双子の姉Mとともに音楽コンクールや卒業式などで保護者向けのベトナム語アナウンスを担当した。そのたびに母

親による発音指導を受けることができ、級友や教師、地域の人々に見守られながらベトナム語を研鑽し、その成果を発表する機会を持てた。

　また、ベトナム系保護者向けの保護者会での上映のみならず地域NPOでビデオレターの上映会をした折には、EとMとその母親を含む2組の親子が参加し、子どもたちのベトナム語を語る姿を見守った。

　ビデオレター撮影後に行った子どもたちへのアンケートによると、ビデオレターを見せたい相手としてF小学校の子どもたち（10名：55%）、次いで両親とベトナムに住む親族（祖父母・従兄弟）を挙げる子どもがいた（5名：27%）。子どもたちにとってベトナム語を話すことはビデオレターの交換相手（F小学校の子どもたち）との間の新たなベトナム語コミュニティを作ることと同様、身近な両親やベトナムに暮らす親族といった既存のベトナム語コミュニティの存在を再認識する機会となったことが窺われた。

(4)　一般教師の理解の深化

　写真撮影のために校外へ行く折には、一般教師に引率協力を依頼し、ベトナム系寺院やベトナム食材店に同行してもらった。それは多くの一般教師にとって、地域のベトナムコミュニティへのフィールドワークとなった。

　またベトナム系保護者会において、ビデオレターつくりに参加した子どもの担任教師、校長、教頭は保護者とともにビデオレターを視聴し、子どもたちのベトナム語能力を具体的に知る機会となった。それまで日本語で自己表現をする子どもたちの姿しか見る機会がなかった教師たちに、日本語とベトナム語と二つの世界を持つ子どもたちの姿を提示することができ、子どもたちをより深く理解する場が提供できた。

(5)　総括

　このバイリンガルビデオレターの制作、公開の過程で観察された4つの学習環境の変容は、次の二つの面で子ども達の母語学習動機の強化につながった。1つは「ベトナム語を語るコミュニティの存在の意識化」であり今1つは「子どもたちのベトナム語能力の可視化」であった。

① ベトナム語を語るコミュニティの意識化

　バイリンガルビデオ製作は当初F小学校というベトナムに暮らす同世代の子どもたちを意識して制作された。交流が進めばF小学校の子どもたちとのコミュニティも意識化されたかもしれないが、現時点でそこまでこのコミュニティは子どもたちに意識化されていない。しかし、その代わりに母語学習教室内の子ども同士でベトナム語学習を助け合い、励ましあい、保護者から生徒へのベトナム語学習支援が起こり、これまでも存在していた身近なベトナム語コミュニティの活性化が生じ、そうした身近なベトナム語コミュニティへの「統合的志向」(Gardner & Lambert, 1972)を持った言語学習動機付けが行われた、と言えよう。

② ベトナム語能力の可視化

　iPadによるビデオレターの撮影やその上映会を通じて子どもたちのベトナム語能力が母語教室内部、および保護者や教師へと可視化された。ベトナム語能力をより高めることが周囲からの称賛対象となることを経験した子どもたちは、「かっこよくベトナム語をしゃべりたい」という「道具的志向」(Gardner & Lambert, 1972)の言語学習動機を得たと言える。

4．終わりに ― 今後の課題 ―

　上述のように、バイリンガルビデオレター制作と上映をめぐる取り組みは、子どもたちの母語能力を可視化し、周囲のベトナム語コミュニティを活性化させ、子どもたちの母語学習の動機付けに有効な教授法である。

　なお、今回は交流相手であるF小学校との交流に関しては期待した成果が得られなかった。相手校が公立学校であったため、交流をより進めるには地方教育局の許可が必要となったことが大きな原因である。そこで2015年度は、ハノイにある日本から帰国したベトナム系生徒たちの日本語維持のための私塾を交流相手として、現在も交流活動を進めている。

　今後はこの継続的な交流プログラムから得られる新たな「統合的志向」を持つ学習言語動機付けを伴う教授法としてのバイリンガルビデオレター

の可能性を追求していきたいと考えている。

参考文献

Cummins, J. and M. Early (eds.) (2011). *Identity Texts: The Collaborative Creation of Power in Multilingual School*, Sterling, USA: Trentham Books.

Gardner, R.C.& Lambert, W.E. (1972). *Attitudes and Motivation in Second Language Learning*, Rowley, MA: Newbury House.

Giles, H., Bourhis, R.Y., & Taylor, D.M. (1977). Towards a Theory of Language in Ethnic group Relations. In H. Giles (Ed.). *Language, Ethnicity and Intergroup Relations.*43 (pp. 307-348). London, UK: Academic Press.

北山夏季 (2012).「公立学校におけるベトナム語母語教室設置の意義について―保護者の取り組みと児童への影響」『人間環境学研究』10(1). (pp.17-24).

松田陽子・中山尚子 (2010).「第3章 中国帰国者子弟の母語教育をめぐって(2)―青年のライフストーリーから見た母語意識の変容」『外国人児童生徒の母語学習支援をめぐるネットワーク形成の国際比較』平成19年度～21年度科学研究費補助金（基盤研究(c)）,研究成果報告書,研究代表者 松田陽子. (pp.39-56).

中島和子(2003).「JHLの枠組みと課題―JSL/JFLとどう違うか―」『第1回母語・継承語・バイリンガル教育（MHB）研究会議事録』 http://www.mhb.jp/2003/08/ 2015.8.6 On-line.

落合知子・松田陽子 (2014).「継承言語・文化資源育成に関わる教育実践に関する研究―カナダにおける継承語学習への動機付けを中心に―」『人文論集』49. (pp.101-126) 兵庫県立大学.

落合知子 (2012).「公立小学校における母語教室設置の存在意義に関する研究―神戸市ベトナム語母語教室の事例」『多言語・多文化―実践と研究』Vol.4. (pp.100-120).

八島智子 (2004).『外国語コミュニケーションの情意と動機―研究と教育の視点―』関西大学出版部

第5章

『多文化な子どもの学び〜母語を育む活動から〜』ウェブサイト開設

久保田　真弓

1．はじめに

　2014年『多文化な子どもの学び〜母語を育む活動から〜』というタイトルでウェブサイトを開設した。その目的は、「情報提供とネットワークづくり」である。ただし、厳密にいえば2012年にすでに開設しており、徐々に情報を収集、整理しながら内容を整えていったという方が正確である。それぐらい、昨今のウェブサイトは手軽に作成でき、手軽に修正できるので、「開設した」と宣言するほどのものではない。しかし、区切りをつけることは大切である。そこで、このウェブサイトについては、2014年8月のMHB (Mother Tongue, Heritage Language, Bilingual Education) 研究会で発表し、その存在をアピールした。

　ウェブサイトの開設にあたっては、無料で簡単に作成できるWeebly.comを使用している。使用できる機能は限られているが、基本的なことはできるので問題ないと考えている。また、使い勝手も徐々に向上しており、簡便である。

2．ウェブサイトの概要

　ウェブサイトのトップページには「ようこそ＜母語1、2、3！＞」という呼びかけがあり、その下に次の8項目を目次として紹介している（図1参照）。1）母語の大切さ、（母語の大切さ、母語とアイデンティティとは）、2）日本語と母語の両方を育てることができる？（バイリンガルをめざす、バイリンガルの人たちの声）、3）家庭では日本語？母語？（家庭でできる

こと)、4) 母語を学習できるところはどこ?(リンク)、5) どうやって教えたらいいか知りたい(母語教室の先生へ)、(母語教室での活動紹介)、6) 学校では何ができる?(学校の先生へ)、(国際理解教育でできること)、7) ろう者にとっての手話も母語?(母語としての日本手話)、8) 母語のことをもっと知りたい、(母語教育の研究と動向、リンク)。

図1で示したようにこれらは簡単な質問形式で書かれており、そこから、知りたいことをクリックして下の階層のページへ移動するという流れになっている。またサイドバーにもナビゲーションメニューがある。全項目のうち「母語の大切さ、日本語の習得、家庭でできること、バイリンガルの人たちの声、母語教室、その他」については、簡略版を日本語で作成するとともに、それらを中国語、韓国語、スペイン語、ポルトガル語、ベトナム語、英語に翻訳した。サイドバーのメニュー上にカーソルを合わせると、横にサイドメニューが飛び出てきて、そこをクリックすることで直接必要な情報にアクセスできるようになっている。

さらにメニューには「関西母語支援研究会について、このサイトについて」を明確に表示し、このウェブサイトは、本書の研究メンバーからなる関西母語支援研究会の運営によるものであること、およびこのサイトの趣旨を容易にチェックできるように明示した。そのほか、多言語化関連先のリンクには、お役立ちサイト10件、教材関連8件、国際理解教育2件、手話5件、カナダトロントのサイト8件、オーストラリアのサイト2件がある(2016年10月現在)。

このように本ウェブサイトでは、作成者が関西母語支援研究会であることを明示し、「母語の大切さ」を研究者だけでなく学校関係者、保護者にもわかりやすく伝えることを狙いとしている。

ウェブサイトは、確かな情報を提供する場として、また、利用者からは、すぐに必要な情報を検索できる場として機能しているが、「いま・すぐ」の情報を提供するには、少々扱いにくい。そこで、トップページの右上にSNSの一つであるFacebookへのリンクを張り、イベント等最新の情報は、そちらで掲載することにした。

昨今は、ウェブサイトもFacebookもパソコンからだけでなくスマート

フォンからもアクセスできるようになったので、今後はそれを念頭に情報提供の方法をさらに考えていきたいと考えている。

図1 「多文化な子どもの学び～母語を育む活動から～」トップページ

3．アクセスの動向
(1) ウェブサイト

　本ウェブサイトは、どのように利用されているのだろうか。昨今は、無料で誰でも解析できるツールが整ってきたので、アクセス解析ツールGoogle Analyticsを2016年3月初旬に設置して、ウェブサイトへのアクセス状況などを観察できるようにした。ここでは、2016年8月25日から9月24日までの1か月間のサイトへのアクセス状況から特徴的な点を紹介する。

　まず一か月で述べ398人の人が利用しており、一人30分という時間で区切ってみると述べ460セッションの利用があった。1セッションで2.15ページ読まれている。1セッションあたり1分35秒滞在している。1ページだけ読んでほかのサイトに行ってしまう直帰率は71.74%である。新規セッション率は81.52%である。つまり、本ウェブサイトは、8割強の訪問者が、新規の人で、そのうち7割強は、1ページだけみて離脱している（ほかのサイトにいっている）ということになる。82%の人が日本語で読んで

いるが、中には英語やベトナム語で見ている人も若干だがいる。国別の訪問者は**表1**のとおりである。

表1　国別訪問者（期間：2016年8月25日～9月24日）

	国名	セッション	セッション(%)
1	日本	391	85.00%
2	米国	16	3.48%
3	英国	10	2.17%
4	フィリピン	7	1.52%
5	ベトナム	7	1.52%

　日本の訪問者を市町村別で細かく見ていくと**表2**のとおり訪問者は様々な地域からアクセスしていることがわかる。

表2　訪問者の滞在地

	市区町村	セッション	セッション(%)
1	大阪	36	7.83%
2	神戸	35	7.61%
3	不明	22	4.78%
4	新宿	22	4.78%
5	千代田区	20	4.35%
6	横浜	19	4.13%
7	港区	17	3.70%
8	名古屋	13	2.83%
9	京都	9	1.96%
10	豊中	8	1.74%

　では、新規ユーザーは、どのようにして本ウェブサイトに出会うのであろうか。82.17%（378件）の人が検索機能を使って探して当てている。URLを直接入力してアクセスするのは、10.87%（50件）、他のサイトからくるのが6.30%（29件）、ソーシャルネットワークからは、わずか3件（0.65%）である。検索エンジン別では、55.29%（209セッション）がGoogle、32.01%（121セッション）がヤフーからである。

Googleで検索された場合は、どのような用語で検索されたかを公表していないのでわからないが、そのほかの検索エンジンからの検索キーワードは、次のようなものである。1）国際理解テーマ、2）母語教育、3）エンパワメントスクール、4）ベトナム夢Kobe、5）母語教育　大学院、6）カナダ　ニューカマーの子　NGO、7）カミンズの相互依存仮説、8）ポルトガル語　姫路。このような検索用語から推測できるのは、なにか大学生が調べ物をするときのように専門用語やキーワードは知っているが、もっと調べてみたくて探しあてたのかもしれない。

　6.30%とわずかではあるが、他のサイトからリンクをたどってアクセスしている行動が見られた。このサイトとは、鈴木庸子氏が開設したポータルサイト「ハーモニカ　Harmonica and Culturally Linguistically Diverse」(http://harmonica-cld.com/jp)である。このようにウェブサイトでは、互いにリンクを張ることで情報提供の対象を広げることができ、同じ意図を持つ仲間が連携することの重要性が改めて分かった。

　ところでウェブサイトは、必ずしもトップページから読む必要はない。検索して見つかったページから読んでもらえればよい。そこで、どのページからアクセスしているかをみると表3のようになっている。まず「母語の大切さ」に目が行くようである。つぎが、トップページで、それに続くように「国際理解教育でできること」になっている。

表3　訪問者の行動

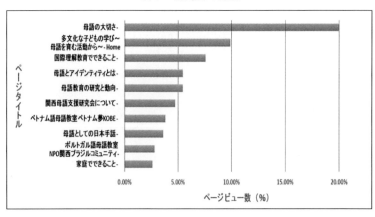

(2) Facebook 上の「多文化な子どもの学び」のページ

　「多文化な子どもの学び」の新規情報掲載のために2015年6月Facebook上に本ページを開設した。ウェブサイトでは、固定的な情報を提供し、Facebookでは、新着情報を提示している。そこでは、関西母語支援研究会主催のシンポジウム開催案内など独自のものだけでなく、母語や継承語等に関連する話題についての研究会やイベント等も随時掲載している。サイトは一般に公開されている。Facebookの機能が随時進化しており、最近は、新情報を掲載するとどのくらいの人々がそれを見ているのかを「リーチ」という指標で棒状に可視化される。それを見ると多い時で3000人強に届いている。

　そこで、Facebookの機能として備わっているインサイトを利用し、2016年9月5日から10月1日の期間の訪問者の動向を調べてみた。この期間中では、落合氏が9月7日に「NPO法人おおさかこども多文化センター主催で10月15日に大阪市立中央図書館で『多文化でふれるえほんのひろば』が開催されるという記事があった。そのような期間であったことを念頭に調べてみると男性より女性が1.5倍多く見ていることがわかる。もともとこのサイトのファンも、男性より女性のほうが2倍多い。年齢別では、女性は25-34歳の層が2割、男性は45-54歳の層が1割でそれぞれ一番多い。今回の絵本のイベントには、女性は18-24歳の層が一番多いが、全体的には、25-54歳までの人がまんべんなく関心を寄せていることがわかる。一方、男性は、18-24歳の層の人がずばぬけて関心を寄せている。絵本がテーマだと学生を含め若い人には男女の区別なく関心を持たれるが、年齢があがると女性のほうが多いのは、絵本の作成者、利用者、保護者、教育者など様々な立場でかかわるきっかけがあるからではないだろうか。

　このように男女によってもアクセスの仕方が違うことがあるので、その点も考慮して、ウェブサイトやSNSを利用して、大切な情報を的確に発信できたらと思う。

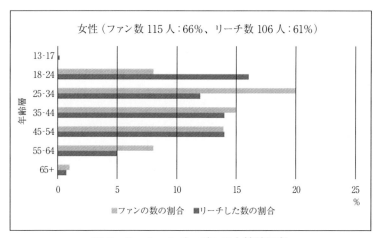

図2　Facebook ページへの女性訪問者

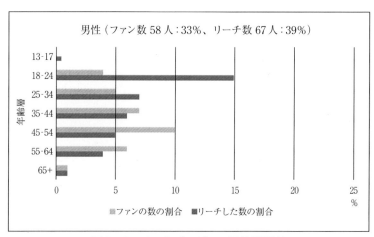

図3　Facebook ページへの男性訪問者

4．おわりに

　「多文化な子どもの学び〜母語を育む活動から」というウェブサイトを開設し、研究成果を土台に母語の大切さに関する情報を理論的なものから実践的なものまで収集して、発信している。このようにウェブサイトは、信頼のおける情報の提示およびさまざまな情報の発信には良いプラットフォームになるが、日々の動きを提示するには、限度がある。そこで、SNS

のひとつFacebookを利用して、その点をカバーしている。このような情報通信技術は、日進月歩で進化していくので、便利になる反面、自分たちの思い通りにはいかなくなることもある。そのようなことも念頭に今後も技術進展と連動して情報発信の方法も定期的に点検し、更新していく姿勢が必要だと考える。

　また、URLが公開されれば、それだけスパムも来るので、その点にも注意を払い、分析結果の数値にも惑わされないようにしなければならないだろう。

　本ウェブサイトの価値は、掲載した情報にある。その情報の普及も、修正も、更新も運営者である関西母語支援研究会の責任である。しかし、それと同時にこれらの情報にアクセスし、利用し、気が付いたことを述べるのは、訪問者の側である。これからは、ウェブサイトを媒介として運営者と訪問者が一体となって「母語の大切さ」を世界に訴えていくことが多文化児童に対するわたしたちの責務であろう。

参考ウェブサイト
Google Analytics　https://www.google.com/intl/ja_jp/analytics/
Weebly　　https://www.weebly.com/jp

第6章

外国にルーツを持つ生徒と高校進学の壁

乾　美紀

1．多文化児童生徒にとって困難な高校進学
(1)　多文化生徒の高校進学

　本章の目的は、多文化生徒が高校に進学の際に生じている問題について明らかにしたうえで、その状況を乗り越えるためにどのような制度が必要であるか、全国の状況を精査しながら提言していくことである[1]。

　一般に多文化生徒の進路は、中学もしくは高校卒業で閉ざされることが多い。特に高校への進学は低迷している。2012年11月、在留外国人の比率が高い自治体でつくる「外国人集住都市会議」において、公立中学校の外国人卒業生1,010人の高校進学率が78.9％にとどまっているという調査結果が報告された[2]。この調査は同会議に参加している長野県飯田市、静岡県浜松市、群馬県太田市など全国29市の外国人の2011年度の卒業生を対象としている。2000年代の初めに行われた外国人生徒の高校進学に関する調査や研究においては、彼らの高校進学率は50％程度と発表されてきた[3]。従って、78.9％という数字は一見高いように見え、これまでの状況が改善されたと理解することができる。しかしながら、この調査は集住都市で実

---

[1] 本章は、外国人の子どもの未来を拓く教育プロジェクト（2015）『調査報告・提言書「未来ひょうご　すべての子どもたちが輝くために－高校への外国人等の特別入学枠設置を求めて－」』の筆者担当章を加筆および修正したものである。

[2] 毎日新聞記事　『外国人生徒：高校進学78％日本語能力で格差－「集住」29市町』2012年11月11日。

[3] 自治体や研究者による外国人生徒の進学調査については、拙稿（2008）「高校入試と進学」『高校を生きるニューカマー』志水宏吉編　明石書店を参照。

施されたものであるので、全国的な平均とは異なるであろうし、集住都市には教育支援が集中しやすいため、むしろ分散地域よりも高い数字を示している可能性がある。いずれにせよ、この数字は日本人と多文化生徒の間に格差があることを明示している。

　これまで多文化生徒の教育上の問題としては、学校への適応、日本語の習得、学力の定着、アイデンティティの形成、不就学などの問題が挙げられてきたが、定住外国人が増加し、滞在期間が長くなった現在、「進路選択」の問題が浮上している。日系南米人など外国人が急増した1990年以降、多くが子どもを同伴して来日したため、その子どもたちや２世が進路選択をする時期に差しかかったのである。

(2)　多文化生徒の進学を阻害する要因とは

　これまで多文化生徒の進学阻害要因については、多数の研究者が多様な側面からアプローチをしてきた。進学問題と進学阻害要因について、研究を整理すれば、日本の教育システム、すなわち教育の提供者側の問題、とニューカマー当事者である教育の需要者が直面している問題の２点に集約できるだろう。

　まず日本の教育システムについて指摘される点を整理する。例えば、入試制度が難しすぎて合格できないこと（Tsuneyoshi 2009）が指摘されている。特に、高校入試のシステムを理解することや、学力をつけ入試の壁を乗り越えることは多文化生徒にとって至難の業である。日本の教育は、日本語による教育が中心であるため、多文化生徒が日本語を完璧に習得できなければ、学業を継続することは難しい。特に、高校進学に関しては、学習内容の難しさから多文化生徒が高校に進学するのは極めて難しい（佐久間 2006）と述べている。このような教育システムを補完するために、多文化生徒の入学枠を確保する入学特別枠がある自治体もあるが、自治体により差異があること（佐久間　前掲）、特別枠には普通科以外の進路が少ないことなどが指摘されてきた。

　次に、教育の需要者側の問題も指摘されている。例えばインドシナ難民の場合、成功モデルの存在が限定されていることや家庭の経済的な問題の

ために進学が難しいことが挙げられている(乾2007)。このことは、インドシナ難民に限らず、他の多文化生徒にも該当し、外国人コミュニティには将来設計をするためのモデルの存在が限定されていることが大きな問題だろう。

さらに、家族の移動が多いことから学習の継続性が困難であることもひとつの要因だろう。親が仕事の契約を終え、次の契約を求めて移動するため、一つの学校に継続して教育を受けることが困難で、教育環境が変わるため日本語力の定着が難しいのである。

(3) 現状の制度を見直す必要性

以上のように、多文化生徒を取り巻く教育システム、そして多文化生徒が置かれた状況は、本人たちだけで打開しがたいといえる。

この他に、進学や教育の継続が難しい要因として、生徒対教師の関係も影響しているだろう。児島(2008)による調査では、ブラジル人の若者が学校から離脱する原因のひとつとして、彼らの学校での経験およびそれに対してなされる学校側の対応―たとえば、進学へと結びつける環境―が不足していることを明らかにした。児島は、多文化生徒や保護者に進路の情報が十分に提供されてこなかったという情報欠如や、進路相談が適切になされていなかったという調査結果を示し、移動の多い生徒でも学び直し、やり直しがきく教育システム構築の重要性を説いている。

このように多文化生徒が進学できない状況は、安定した職に就けず行き場を失うなど、日本社会になじめない結果を導き出している。多文化生徒が学力を定着させ、高校に入学し、卒業資格を得て日本社会で働くことができるよう、学習支援を含めた教育システムを構築していく必要がある。

2．多文化生徒に対する入試配慮の全国的状況

(1) 特別措置と特別入学枠

既に日本国内でも多文化生徒が高校に入学しやすい制度を作っている都道府県が存在する。以下では、近年の状況について説明しておきたい。

多文化生徒が高校に入学しやすい配慮として、2つの制度が挙げられ

る。ひとつは、多文化生徒が一般の受験生と共に受験する際に何らかの配慮を受けられる「特別措置」である。もうひとつは、入学枠に多文化生徒のための特別枠を設け選抜を行う「特別入学枠」の制度である。都道府県レベルに限ると、特別措置は26、特別入試枠制度は17の自治体で採用されている。

　これらの入試配慮は、自治体によって大きく異なり、毎年のように制度が変化しているが、著者らが行った調査では大まかに全国的な状況を把握することを試みた（乾・小柴・金山 2015）。方法として、特別措置については、主に小島（2014）から情報を得ることとし、特別入学枠については、教育委員会担当者に電話で聞き取り調査を行った。電話調査を行った期間は、2014年4月～5月であるが、2015年3月にも追加的に聞き取りを行った。

　調査の結果、特別措置の方法としては、主に次の3つが挙げられる。それは、①試験の問題文にルビを振る、②試験の時間を延長する、③試験の科目を減らす「科目減」の方法である。試験時間の延長については、神奈川が1.5倍、大阪が1.3倍、長野、京都、滋賀が各10分間など様々である。兵庫県は、休憩時間をつぶして時間延長する制度を取っている。科目減については、5教科のところを国語、数学、英語の3科目に減らす場合が多い。

　現在、26の自治体が実施している特別措置の実施について、方法別にみると、**表1**のように記すことができる。なお、次に述べる特別入学枠の制度は設けずに、特別措置のみ実施する県もある。

表1　特別措置の種類と実施自治体（重複あり）

方法	実施自治体
①ルビ振り	東京、神奈川、富山、長野、滋賀、京都、大阪、兵庫、佐賀、長崎、鹿児島
②時間延長	東京、神奈川、長野、滋賀、京都、大阪、兵庫、奈良、福岡、佐賀、鹿児島
③科目減	栃木、福井、山梨、長野、岐阜、奈良、鳥取、佐賀、熊本

（小島[2014]より作成）

(2) 特別入学枠の特徴

　2014年度まで特別入学枠を持つ自治体は、福島、茨城、群馬、埼玉、千葉、東京、神奈川、岐阜、静岡、愛知、大阪、三重、奈良、福岡、長崎、鹿児島の16自治体である。2015年度に兵庫県が新たに特別枠を開始したため、現在は17自治体である。この他、広島、京都は中国帰国者の生徒に対する特別入学枠を設置しているので、特記しておきたい。次に、これらの自治体が持つ特別入学枠について、次の5項目の特色を中心に整理していく。

① 特別枠の対象生徒
　　ほとんどの自治体が来日3年以内の生徒を対象としていることが特徴である。しかしながら、大阪、三重、愛知、奈良、福岡の5府県は、小学校4年以上の学年編入、または来日6年以内の生徒を対象としている。

② 対象高校の選択理由
　　特別枠を持つ学校の選択理由について整理したところ、以下の4つに分かれる。まず特別入学枠を持つ自治体のうち、県内の高校全てで受け入れる自治体は5団体ある。これは敢えて拠点校、重点校などを設けることなく、どの学校でも多文化生徒を受け入れる方針に基づいている。

表2　対象校の選択理由と該当都道府県

	都道府県名	件数
①全校	茨城、群馬、岐阜、長崎、鹿児島	5
②重点的な受け入れ （国際科や英語に関するコースがある高校）	福島、愛知、奈良、神奈川、三重（拠点校からの拡大）、兵庫、福岡（英語コースから職業コースに拡大）	7
③重点的な受け入れ ＋地域バランスの考慮	埼玉、千葉、静岡	3
④外国人集住学区	東京・大阪（主に中国帰国生）	2
		17

（筆者らの教育委員会への聞き取りにより作成）

次に、国際科、英語科などで重点的に受け入れている自治体は7団体ある。もともと国際化を目指そうとする方針や留学生などを受け入れた経験がある学校を中心とする例である。

　重点的な受け入れを行っているケースの中で、福岡は学区のうち英語コースを持つ学校が多文化生徒を受け入れていたが、職業コースにも受け入れて欲しいというニーズが高まり、19校に拡大したという経緯がある。埼玉、千葉、静岡は在籍人数や生徒の通学を意識し、受け入れ校を最初に考えたうえで、多文化生徒が通学できるように、地域バランスを考慮して校数を増やしていく制度を取ってきた。なお、東京、大阪はもともと多文化生徒が多く住んでいた地区の高校に特別枠を設けたという経緯がある。兵庫県は、特別枠の設置を求める当事者たちの声に応える形で、2015年度、3校に各3人（合計9名）の枠で開始することになった。

③　検査内容

　受験の際の検査内容も実施府県によって多様であり、**表3**のように分けることができる。

表3　受験の際の検査内容

検査内容		都道府県名	件数
科目減	＋面接	茨城、神奈川、愛知、群馬、兵庫（3科目） 埼玉（2科目）	6
	＋面接・作文	福島、岐阜、福岡（3科目） 奈良（2科目）	4
	＋作文（母語でも可）	大阪（2科目）	1
面接と作文		千葉、東京、長崎	3
面接＋作文＋当該高校が指定する科目		三重	1
日本語基礎力試験＋作文		静岡	1
調査書＋面接＋作文		鹿児島	1
（3科目の場合は、国・数・英、2科目の場合は数・英）			17

（筆者らの教育委員会への聞き取りにより作成）

表3に表したとおり、ほとんどが科目減を採用しているが、千葉、東京、長崎では学力検査を行わない。その理由は、「高校の勉強についていけるかどうかを総合的に見る」（千葉、長崎）、「学力よりも能力や適性、意欲を見たい」（東京）ためである。長崎の場合、面接で日本語能力を確認し、高校入学後のサポートがあれば可能と判断すれば、受け入れるシステムを取っている。このように、学力よりも生徒自身の可能性を見るケースもある。

検査内容に特徴があるのは、静岡の日本語基礎力試験である。この試験は県独自のもので、口頭による聞き取りと、作文を組み合わせた試験である。また、大阪府の作文試験は母語での記述が認められており、辞書の持ち込み（母語－日本語、日本語－母語）も認められている。日本語が苦手な多文化生徒にとって、この制度は大変柔軟であり、受験しやすい制度だといえる。

④ 高校での支援体制

高校に入学した多文化生徒への教育支援は、特別入学枠を持つ都道府県が必ずしも実施しているわけではないが、生徒の事情に合わせて学校ごとに対応するケースが多い。

最も多い取り組みは母語の理解者をサポーターや支援員として雇用し、学校に配置する教育支援である。特に大阪ではバイリンガルの外国人を民族講師として採用し、教科学習補助や母語教育指導などにより生徒の学力定着に貢献している。さらに、大阪では特別枠を設けている学校は、母語教育を重視していることが特徴で、府内の高校のいくつかでは、正規の授業に中国語、フィリピノ語、スペイン語、タイ語、韓国語などを組み入れ、多文化生徒が学びやすい環境づくりがなされている（大倉 2015）。

また神奈川では、地域のNPO（多文化共生教育ネットワークかながわ）と連携し、各生徒のニーズに合った教育支援計画を設計したうえで指導を行っている。2015年度から特別入学枠を採用した兵庫県では、学校ごとに補助金を計上し、抽出授業や日本語指導など各生徒の

表4　高校で支援体制（重複あり）

教育支援体制		実施都道府県	特記事項
人材	外国人適用指導員	岐阜	学習内容支援、適応指導、日本語指導
	加配教員の配置	福島、埼玉、岐阜、大阪	各校1名を配置（埼玉）複数在籍校に2名を配置（岐阜）
	母語理解者の配置・外部支援員（サポーター支援）	千葉、茨城、神奈川、静岡、愛知、三重、奈良、大阪、兵庫、長崎、鹿児島、	教育補助員[非常勤]配置（静岡）中国語話者教員を配置（長崎）通訳、日本語指導、適応指導（千葉）日本語指導補助、進路相談（三重）民族講師、臨時講師を採用（大阪）
	日本語支援員	三重	学習支援、教育相談
	多文化教育コーディネータ（生徒に合った教育支援設計）	神奈川	NPOと連携した協働事業
授業方法	抽出授業	東京、奈良福岡、兵庫	非常勤講師を採用して指導（奈良）日本語を指導（福岡）

（筆者らの教育委員会への聞き取りおよび小島［2012］より作成）

ニーズに応じた教育支援を行っている。

　このように、特別枠を採用した自治体では、多文化生徒を受け入れるだけではなく、学力を定着させるために入学後もサポートしていることが特徴である。

⑤　特別枠の効果

　最後に、特別入学枠は各自治体でどのような効果をもたらしているか述べたい。この点についても筆者らは各都道府県の担当者に追加的に電話インタビューを行った。その際、高校卒業後の進路や生徒全体の様子について答えるケースが多かったので、次の**表5**に記載しておく。

　筆者はあくまでも大学に進学することのみが特別入学枠の効果であ

ると捉えていないが、大学に進学するという形で教育を継続することは、高校への入学なしでは達成できないため、**表5**に示す大阪府の効果は大きな成功例といえるだろう。

　なお、学校ごとに集計しているため具体的な数字を把握していなかったり、県単位で独自に取りまとめた結果、公表をしていないという回答も目立った。

表5　特別枠の効果に関するインタビュー結果

都道府県名	効果についての報告
千葉県	外国人枠で入学した18名のうち、10名が大学に進学（他、浪人、就職、専門学校進学など）[2013年度]
奈良県	進学者24名中、13名が大学・短大に進学（他、アルバイト、帰国、就職など）[2004-11年度]
大阪府	採用学校の1校では、生徒全員が大学に進学。大学院まで進んだ生徒もいる。AO入試を使って有名私立に合格するケースもあり、後に続く生徒のモデルになっている
福岡県	高校に入れる学力があるのに、日本語能力不足で受験が厳しい生徒に、高校教育の機会を与えられるのが、何よりの効果
その他	学校ごとに集計している県が多い。埼玉県は、県単位で独自に取りまとめている

　以上のように、多文化生徒に対する入試配慮は自治体によって大きな差がある。そして特別入学枠を採用した自治体の中には、入学後も予算を配分し、様々な形で支援を継続しながら、大学進学につながるまで生徒の学力を高めているケースもある。特別枠の効果については、各自治体によって解釈が異なるだろうが、特別入学枠の導入により高校への進学機会が広がることで、生徒の高校卒業後の選択肢が広がり、さらに学力を高めることで多彩な専門分野に従事できるという効果に期待したい。

3．多文化生徒受け入れ後のフォローと特別入学枠の効果
(1) 学力の定着を目指した学習支援

いうまでもなく、多文化生徒が特別入学枠で入学した場合、彼らが高校の入り口に立つだけはなくて、授業についていけるような学力、そして高校を卒業できるまでの学力を身に付けることが求められる。そのため、どの自治体も予算を確保するなどして、様々な方法で多文化生徒に対する学習支援を行っているのである。もちろんきめ細かい学習支援は必要であるが、多文化生徒自身が目標を持ち、卒業または進学を目指して積極的に学力を高めていくようなフォローが必要だと考える。これまで足りなかった学力を定着させ、卒業までを見据えて学校と生徒自身が連携していくことが、後の教育効果を生み出すことに繋がっていくのである。ここでは特別入学枠の効果について、既に特別入学枠を取り入れている他府県から得られた回答を詳細に交えながら述べていきたい。

(2) 外国人多文化生徒にもたらされる効果
―教育の継続による選択肢の拡大

特別入学枠を導入することにより、生徒にもたらされる効果について詳細なデータを提供することができれば、現在、特別入学枠を持たない都道府県が特別入学枠を採用するきっかけにもなる。筆者らが特別入学枠の効果についてインタビューした結果を簡潔に整理すると、大学への入学者が増えていることに言及することを効果と捉えることが多い[4]。つまり教育を継続できていること自体が効果なのである。

表5に示したとおり、千葉県、奈良県、大阪府などでは、特別入学枠で入学した生徒の大半が大学に入学したことを効果と捉えている。大阪府では、毎年約90名の生徒が特別入学枠の制度を利用して高校に入学しているが、担当者は特別入学枠を持つ1つの高校を事例に取り、その高校を卒業した全ての多文化生徒が大学（大学院）に進み、教育を継続できている

---

[4] ただし特別入学枠を採用している16都道府県が全てのデータを所持しているわけではなかった。県独自に取りまとめて公表はしていなかったり、学校ごとに集計している都道府県もあった。

という前向きな状況を報告している。すなわち、高校に進学することで大学(大学院)にも進学することが可能になっていること、そして、そのことが多文化生徒のモデルになっていることが大きな効果だと言える。

　特別入学の効果について、「受験が厳しい生徒に高校教育を受ける機会を与えられるのが何よりの効果」と表現した自治体もあるように、高校で教育機会を継続できることは、日本社会を知ったり将来の職業の選択肢を増やすことにつながる。就職難の現在、日本人にとっても中学卒業後に常勤的な職を得るのは難しいし、中学校在学中に仕事のためのスキルを身に着けることは難しい。専門学校に入学するにも高校卒業が条件となるため、高校卒業資格は日本社会で暮らすための最低条件である。商業高校、工業高校などに進学し卒業できれば、将来の職業につながる技術や資格を得ることができる。

(3)　日本人生徒にもたらされる効果―国際感覚と多文化共生スキル

　多文化生徒が高校に入学することによりもたらされる効果は、生徒自身だけに限らない。

　現在のように、多文化生徒が高校に入学できない状況では、日本人生徒が高校で多様性に触れる機会が少ない。筆者が勤務する大学の学生に、高校で多文化生徒に出会った機会を尋ねてみても、留学生以外の外国人に出会った経験はほとんどなく、同質的な環境の中で学校生活を送ってきた者が多い。従って、日本に在住している中国帰国者、日系南米人、インドシナ難民などの歴史的背景や移住理由についても知ることがない。

　このような環境で育った日本人生徒には、国際感覚や多文化共生スキルが身に着きにくいといえる。まず、国外の様々な文化や価値観を知り、国際的な観点からものを考える力、つまり国際感覚が育ちにくいだろう。次に、同質的な環境に置かれると、自分とは違う考えや習慣について知ったり寛容に受け止めようとする機会が少なく、その結果、多様な背景を持つ人々と共生しようとする認識やスキルを欠くことになるだろう。別の言い方をすれば、異なる背景を持つ多文化生徒と一緒に勉強をし、学校生活を送ることで、その生徒が持つ文化や習慣を理解したり受容する態度が身に

着く。また、多文化生徒と接することで世界の多様性に気づいたり、異なる環境に育った仲間と意見を交わすことにより、広い価値観や考え方で物事を捉えることが可能となり、多様性の中で人々と共生できる能力が身に着くといえる。

　特別入学枠を持つ自治体にインタビューを行った時、「多様な背景を持つ生徒と接し、多様な局面を発見することは、日本人生徒にとっても何らかの影響がある。」、「外国出身や外国暮らしを経験した生徒と接する機会となり、多様な人がいることを知ることができる。」などポジティブな回答が見られたが、多文化生徒が学校現場にいることで、日本人生徒も学ぶことができるのである。

4．多文化生徒が高校進学を果たすために

　特別入学枠について議論する時、「特別入学枠を導入することにより、日本人の進学枠を奪ってしまうのではないか」という考えを聞くことがある。しかしながら、他府県の事例を精査することで、特別枠の導入には、自治体独自の施策や方法があることが明らかになっている。例えば、あらかじめ高校に教員を増やしておいたうえで（受け入れ態勢を作ったうえで）新たな枠を作ったり、職業高校にウエイトを置いて徐々に枠を増やしていくという自治体もあった。いずれも多文化生徒に平等な教育機会を与えるため、特別入学枠の導入を前向きに考えて、試行錯誤を繰り返しながら、入学後の教育支援のフォローも含め独自の政策を取っているのである。特に多文化生徒が彼らの母語を使って入学試験を受け、入学後も母語が保障されるという大阪府の制度は、今後も全国的な見本となると考えられる。生徒の母語を尊重し、入学試験や学校の正規科目でも有効に用いることは、生徒のアイデンティティを育成することや教育の継続に大きな貢献をすると考えられる。

　実現されるべきゴールは、日本人でも外国人でも平等な教育機会を与えられることである。教育制度を変えていくことは難しいが、兵庫県で可能となったように、当事者の要望を行政に伝えていくことで、実現が可能である。従って、特別入学枠を持たない自治体は、その自治体のニーズや背

景を反映した独自の制度を作りあげることが必要だと考えられる。

参考文献
乾　美紀（2007）.「ラオス系難民子弟の義務教育後の進路に関する研究―「文化資本」からのアプローチ―」『大阪大学大学院人間科学研究科紀要』33 号.（pp.79-96）.
乾　美紀・小柴裕子・金山成美（2015）.「外国人生徒に対する入試配慮の全国的状況」『調査報告・提言書「未来ひょうご　すべての子どもたちが輝くために－高校への外国人等の特別入学枠設置を求めて－」』ブックウェイ.（pp.33-37）.
大倉安央（2015）.『大阪府立高校での外国につながる子どもの受け入れ体制と門真なみはや高校での取り組み』東京の日本語教育を考えるつどい 2015 講演資料
児島　明（2008）.「在日ブラジル人の若者の進路選択過程―学校から離脱／就労への水路付け」『和光大学現代人間学部紀要』第 1 号　pp.55-72.
小島祥美（2012）.『ヒューマン・グローバリゼーションにおける教育環境整備と支援体制の構築に関する研究：2011 年度外国人生徒と高校にかかわる実態調査報告書』
小島祥美（2014）.「外国人の高校入学者選抜をめぐる自治体間比較」『移住労働者と連帯する全国ネットワーク・情報誌 M ネット』168 号.（pp.14-15）.
佐久間孝正（2006）.『外国人の子どもの不就学』勁草書房
Tsuneyoshi, R. (2010). The Newcomers and Japanese society. In Tsuneyoshi, R., Okano, H, Boocock, S. (eds.) *Minorities and education in Multicultural Japan: An Interactive Perspective*, Routledge.

第7章

タイにおけるミャンマー児童への母語教育

野津　隆志

1．はじめに

　タイでは1932年に義務教育制度ができた時から単一言語・単一文化を理念とする同化主義的教育が行われてきた。実際のタイの民族構成を見てみると、本章で取り上げるミャンマー人労働者以外にも、多くの中国系移民（華僑・華人）、南部4県のイスラム教徒集団、さらに山地少数民族など異なる言語文化を持つ集団が存在している。しかし、タイ政府は政治的統合を進めるために、タイ公立学校ではタイ語を唯一の教授用語としてきた。また、ラックタイと呼ばれる「国王」「宗教：仏教」「民族」の3宝を崇拝する国家理念が強調され、国民の文化的同化が目指されてきた。（野津2005）。

　しかし、タイは21世紀に入り、従来の単一言語・単一文化の教育のあり方が少しずつ変化してきている。教育省は英語教育推進のため「バイリンガル学校」の開校を促し、タイ語と英語で学ぶ子ども達も増えている。

　また、タイでは近年、多文化（パフ・ワタナタム）ということばが流通し始めた。例えば、タイの大学では「多文化理解を実現する」ことを目的として、国内に居住するイスラム教徒学生とタイ仏教徒学生との交流事業などが盛んになってきている。それに伴い、タイに居住するさまざまな少数民族の母語教育の試みも始まってきた[1]。

---

[1] たとえばタイ南部イスラム教徒居住地域では、イスラム教徒の母語（パタニー・マレー語）の教育が始まっている。http://www.op.mahidol.ac.th/orra/research_highlight/2556/2556_09_LC.pdf

本章では、タイでの母語教育の事例として、ミャンマーから就労のためにタイに来た移民家族の児童（以下、ミャンマー児童と記す）に対する母語教育の実態を述べる。

　タイでは1980年代に年率10％以上の経済成長率を達成した。タイの経済発展は、労働力不足を生み出し、隣国3国（ミャンマー、カンボジア、ラオス）から大量の労働者の流入が生じた。現在、200万人以上の外国人労働者がタイで働いている。さらに、労働許可証を持たない非合法就労者も多数存在する。

　現在タイに居住する外国人労働者の8割以上がミャンマー人である。家族に連れられて入国したり、タイで出生したミャンマー児童も増加している。学齢期のミャンマー児童の数は30万人と推定されている。そのため、タイの公立学校に通うミャンマー児童数も増加している。タイ教育省は、5万6千人のミャンマー児童が就学しているとしている（WE, SC 2014）。

　また、ミャンマー人は独自に「学習センター」を設置し、NGOなどの支援を受け、独自の教育も実施している。タイ国内に設置された学習センターは、2015年には104校あり、1万8千人のミャンマー児童が学んでいる。

　筆者はミャンマー人労働者の集住地帯であるS県とT県で2008年から現地調査を行ってきた。以下では、この2県での調査をふまえ、ミャンマー児童の生活実態と公立学校や学習センターでの母語教育の現状について述べた後、近年の国際機関による母語教育支援の試みを紹介したい[2]。

2．S県のミャンマー労働者と子どもたち

　S県はバンコクの西に隣接し、漁業とその関連産業が集積している漁業基地である。過去10年で急速にミャンマー人就労者が増加し、彼らは漁業、水産加工業、農業、工場団地などで非熟練労働に従事している。S県で15歳以下の学齢期のミャンマー人児童は約1万人と推定されている。しかし、実際にタイ公立学校に就学しているのは1千人程度で、全体の10分の

2　本章のS県、T県の実態については、野津（2007, 2014）を加筆修正して記述している。

1にすぎない。近年になりようやく、NGOや行政によってミャンマー児童のタイ公立学校就学のための支援が進展し始めた（野津　2014）。

　しかし、公立学校ではミャンマー児童の受け入れシステムが未だ整備されていないため、外国人児童が通う学習機関は限られている。ミャンマー児童はNGOの運営する学習センターやモン族[3]の有志が運営している学習センターなどに通っている。さらに、それらの教育機関に通わず、漁業、水産加工業、農業などに従事している「児童労働者」も多い。

3．S県教育機関での母語教育の実態

　S県には86校の公立小中学校がある。86校中56校に1人から10人のミャンマー児童が在籍している。筆者が行った教員へのインタビューによると、教員たちはミャンマー児童を母語教育を含めて特別の配慮を必要とする児童とは考えておらず、タイ人児童とまったく同じ内容を同じ教室で学習するケースがほとんどであった。

　そのため、S県で母語教育が行われているのはわずかの教育機関である。以下では、その中からA小学校、B小学校、さらにミャンマー人（モン族）が開設した学習センターでの母語指導の事例を取り上げ、母語がいかに扱われ、どう教育されているのか記述する。

⑴　A小学校での母語を使ったバイリンガル教育

　A小学校は2006年からミャンマー児童の受け入れを始めたS県唯一の「外国人児童集中受け入れ校」である。他に受け入れに積極的な学校がないため、ミャンマー児童が殺到し、半年後には150人、翌年には300人のミャンマー児童が通学しだした。2009年はさらに増加し、753人（ビルマ族494人、モン族182人、カレン族42人、その他35名）が通学した。逆にタイ人児童は50名しか通学していない。

　A小学校では、モン族、ビルマ族などの補助教員を7名雇用し、母語による指導が試みられている。また、母語とタイ語のバイリンガル教育の試

3　モン族はミャンマーの少数民族の一部族である。S県には多数のモン族労働者が就労している。

みがされている。次のように、幼稚園、小学校低学年、高学年と3段階に学年を分け、段階的にタイ語を使う授業時間割合を増やしていく指導計画が作られていた。

幼稚園課程：母語とタイ語双方でコミュニケーションができるようになるために、母語を使用する補助教員が中心となり、母語とタイ語の両方を使用し指導を行う。双方の言語で「聞く、話す」ことが目標となり、母語、タイ語とも「読み書き」は教えない。

小1-3年：すべての教科で母語とタイ語50%づつを使い、聞く、話す、読む、書く学習を行う。

小4-小6：すべての教科でタイ語80%と母語20%を使う。タイ語ですべての教科を教え、それが理解できる水準のタイ語技能を身につけることを目標とする。さらに、タイの公立小学校で必修科目となっている英語も学習する。

しかし、現段階ではこうした指導計画を実施するための具体的な時間配分や指導技術の開発は進んでいない。あくまで指導計画は大まかな「指導方針」を示しているに過ぎない。学校訪問時に母語教室を見学したが、指導方法はきわめて素朴なやり方で、一つの単語をタイ語と母語（モン語）で併記して黒板に次々と記述し、児童全員で声を合わせて繰り返し音読していた。

モン語を話す補助教員によれば、「親の希望があり母語を教えている。モン語はタイ語に近い。似ているので覚えやすい。自分たちの言葉だ。いつか帰国することもあるので、自分たちの言葉を学習する必要がある。」ということであった。

(2) B小学校の国際学級での母語教育

B小学校は2007年に地元NGOと連携し、学校内の空きスペース（職業訓練室）を改造し「国際学級」を開設した。国際学級はNGOに運営が任され、一定期間、通常学級に入るための準備教育（タイ語や基礎教科、その他タイの学校の基本的活動や、仏教式の経文唱和、きまりなど）を行う。その

後、一定のレベルに達した児童が通常学級へ移動し、タイ人児童と一緒に勉強することを目的に設置された。

　NGOは国際NGO（セーブ・ザ・チルドレン）から資金援助を受け、国際学級に通学する遠距離児童のためにトラック型バスの運行や給食の無償支給を行っている。2012年には、国際学級に約100名のビルマ族、モン族などの児童が通学していた。NGOはこの学級に、ビルマ族とモン族の教員を派遣し、母語を使って学習指導を行っている。また同時に、母語（ビルマ語とモン語）を教える時間を設定している（毎日、各母語1時間程度）。

写真1　B小学校の国際学級（筆者撮影）

　国際学級は空き教室を幼稚園約20人と小学校60人に分割して、3人の教師（タイ人、モン族、ビルマ族の教師）が指導している（**写真1参照**）。しかし、仕切のない教室に6歳から13歳までの異年齢で複数民族の子どもたちが混合し、さらに60名もの多数が同時に授業を受けるため、授業の効率はきわめて悪いと言わざるを得ない。

(3) モン民族学習センター

　タイに就労するミャンマー家族は、NGOや自助組織が運営する学習センター（タイ語でスーン・ガンリエン）に子どもを通わせるケースも多い。

学習センターはタイ国内のミャンマー人集住地域に設置されている。学習センターは全国で100カ所以上有り、その規模や教育の質は多様である。

　タイ政府は現在、今まで放任状態であった全国の学習センターに対する法的規制や教育内容の標準化を推進しようと計画している。しかし、施策は進んでいないため、教育の内容や方法はそれぞれの学習センターの方針に任され、実態は多様である。

　S県には、ミャンマーの少数民族であるモン族が多数就労しており、モン族コミュニティの有志によって学習センターが設置されている。学習センターはモン族集住地域に2カ所あり、どちらとも寺院内の建物を借りて開校されている。2カ所合計で約100名の児童数である。S県の教育行政当局は学習センターにはまったく関与していない。

　見学したモン族学習センターは、タイ国籍を持つモン族の教員とその補助者が教えていた。モン語の教科書を使用し、モン語を教授用語に使用していた。ある授業では、先生がタイ語を黒板に書き、それをモン語に訳す練習をしていた。子ども達はまじめにノートに書き写していた。教え方は伝統的な方法で、板書した単語を順番に声を合わせて何度も繰り返す形式であった。

(4) 親の母語教育への高い関心

　S県でインタビューした親たちは、子どもが母語を学習することへ関心が高い。子どもたちの多くは親から家庭でモン語の読み書きを習っており、母語の家庭学習が熱心に行われている。また、親に子どもをA小学校やモン族学習センターへ就学させている理由を尋ねると、「母語（モン語）を教えてくれる」という理由を挙げる親が多かった。さらに親の中には、ビルマ族が支配する政府によって少数民族のモン語教育が弾圧された歴史を語り、子どもが現在タイでモン語が学べることへの喜びを表明するものもいた。

4．T県のミャンマー児童と母語教育

　T県はバンコクから北509キロの地にあり、ミャンマーと国境を接している。ミャンマー人の低賃金労働力の確保が容易なため、1990年代から百を越える工場が進出してきた。ミャンマー人労働者の多くがこうした工場で働き、さらに農業、土木建設業、家事などさまざまな職種に従事している。ある調査によれば23万人のミャンマー人が同県で就労している（WE, SC 2014）。

　先に述べたように、タイ国内にはミャンマー人が独自に設置した学習センターが100カ所以上存在する。そのうちの60以上の学習センターがT県に存在し、多くのミャンマー児童が学習センターで学んでいる。以下でT県のミャンマー家族の言語使用と母語教育の実態をみてみる。

(1) 家庭での使用言語の状況

　まず、筆者は家族の言語使用の特徴を知るため、児童と保護者の両方に対して家庭内の使用言語を調査した。調査では　①「父と子どものコミュニケーションは何語か」②「母と子どものコミュニケーションは何語か」③「きょうだい同士のコミュニケーションは何語か」の三つを尋ねた。それを整理すると**表1**のようになる。

表1　家庭での使用言語

<u>単一言語家族</u>	<u>23人（42%）</u>
カレン語	19人
ビルマ語	4人
<u>二言語家族</u>	<u>22人（44%）</u>
ビルマ語・タイ語	12人
カレン語・タイ語	7人
ビルマ語・カレン語	2人
タイ語・モン語	1人
<u>三言語家族</u>	<u>2人（3%）</u>
タイ語・ビルマ語・カレン語	1人
タイ語・ビルマ語・モン語	1人
<u>不明</u>	<u>7人（12%）</u>
<u>合計</u>	<u>54人（100%）</u>

表1の「単一言語家族」とは、①②③のことばが同一の家族、「二言語家族」とは①②③のことばが2つ使用されている家族、「三言語家族」とは①②③のことばが3つ使用されている家族である。

調査結果の大きな特徴は、家族の中で二言語、三言語を使用している「二言語家族」「三言語家族」が約半数を占めることだ。全体として、家族内で二言語、三言語話す家族の方が単一言語家族より多い（二言語、三言語47％：単一言語42％）。それだけT県のミャンマー家族の使用言語状況は複雑である。

最も多かったのは二言語家族であった。二言語家族の中では、ビルマ語とタイ語を使用している家族が多かった（12家族）。また、カレン語とタイ語を使用している家族も7家族ある。こうした家族は、タイ滞在が長いため、ある程度のタイ語会話力を親も子どもも持っているケースである。

三言語家族も二家族有る。ビルマ族とカレン族が結婚し、両親と子どもの間で複雑な言語のやりとりが行われていることがわかる。ミャンマー家族の子ども達は、複数言語・複数文化の家庭環境で生活している。

(2) T県の学習センターの概要

先にも述べたように、T県には61校もの学習センターが設置されている。これらの学習センターには、幼稚園課程や小学校課程のみの小規模校から、海外留学を視野に入れた大学進学準備課程まで有する大規模校までさまざまである。以下で簡単に学習センターでの母語指導の事例を紹介する。

① エルピス（ELPIS）学習センター
　　教育課程：幼稚園から小学校まで
　　生徒数507人、教員数14人
　　コンクリートで敷居を作っただけの窓もない粗末な建物である。
　　教員も生徒も学校外の寮に住んでいる。カレン族児童が多いため、カレン語を教授用語にして教えている。

写真2　エルピス（ELPIS）学習センター（筆者撮影）

② サトリー（Hsa Thoo Lei）学習センター
　　教育課程：幼稚園から高校課程まで
　　生徒数639人、教員数37人
　　ミャンマー人が多数働く工場の隣にある。親と共にミャンマーから移住してきた児童、さらにミャンマーとの国境に設置された難民キャンプで生まれた児童たちの教育機関となっている。12キロ離れたところから通っている生徒もいる。トラック改造バスによる送迎をしている。
　　幼稚園と小学校では、教師はカレン語、ビルマ語を教授用語とし、授業を行っている。教科科目にはタイ語、英語、カレン語、ビルマ語の4つがある。

③ ナオボーデン（Naung Bo Den）学習センター
　　教育課程　幼稚園から小学校4年まで
　　児童数53人　教員3名
　　対岸のミャンマー・カレン州の村民が、ミャンマー政府軍の侵攻によって村を焼かれ、川を越えタイ側の森林に逃げ込み、そのまま居住した。住民が一つの森の中で大家族のように暮らしている僻地の小規模学習センターである。
　　生徒のほとんどはカレン族であるためカレン語による授業が行われ

ている。教科科目にもカレン語とビルマ語がある。さらに、近隣のタイ公立小学校と「交流授業」を実施し、小学校から毎日教員がタイ語を教えにきている。本センターの児童の一部は、土日曜にタイ公立小学校で開催されるタイ語集中授業に出席している。

写真3　ナオボーデン学習センター（筆者撮影）

　以上、3つの学習センターを紹介した。これらの学習センターの実態に見られるように、多くの学習センターでは複数の言語が教えられている。
　T県の学習センターでの言語教育をまとめると、まず、T県にはカレン族労働者が多いので、カレン語が教授用語として使用され、さらに母語として教えられている。
　次に「ビルマ語」がミャンマーの国語として、「英語」が国際語であり将来必要だからという理由で教えられている。
　さらに、「タイ語」がタイ行政の指導を受け、毎日1時間程度教えられている。

5．2県の調査から分かったこと

　2と3で見たように、タイに住むミャンマー児童への母語教育は、少数の教育機関（学習センター）で行われているにすぎない。さらに教授用語として、あるいは学習対象として取り上げられる母語は、「ビルマ語」「カレン語」「モン語」など比較的大規模な民族集団だけである。

本来ミャンマーは、大きく8つの部族、全体で135に及ぶ民族集団が存在し、それぞれに母語が異なる多民族・多言語国家である。例えば、筆者が訪問したT県のある学習センターもミャンマーの多民族・多言語的状況を表している。
　この学習センターの児童構成では、カレン・ポー族（167人）、ビルマ族（129人）、カレン・ポカヨ族（40人）、ポーオー族（2人）、カチン族（2人）、インド（2人）、タイヤイ族（2人）、タイ族（2人）となっている。きわめて多数の民族が一つの教育機関に包含されている。そのため、多くの少数民族児童は自分の母語を学ぶ機会を持たないのが現状である。別の見方をすれば、多くのミャンマー児童は日常的に複数の言語と文化環境で生活し、複言語・複文化の中で育つ子ども達といえる。
　さらに筆者は、母語教育を実施している教育機関の教師や親へ母語教育の目的を質問してみた。その結果は、次の二つにまとめられる。

(1) 将来帰国のための母語教育
　まず、「将来帰国のための母語教育」である。ミャンマー家族は将来の帰国を考え、タイでの就労を「一時的なデカセギ」と考えている。実際、ミャンマー家族のタイでの就労はきわめて不安定である。多くのばあい「非正規雇用」である。タイでの就労がどこで可能か、どれだけの期間可能かなどは、本人の意志であるよりはタイの経済政策や労働市場の状況に依存している。そのため、ミャンマー家族は、展望のないタイの一般の公立学校へ就学し、タイ語を習得するよりは、将来の帰国を見据え、母語を教えてくれる少数の教育機関に子どもを行かせたいと考えている。
　ミャンマー児童への母語教育を行っている教育機関は、家族のこうした将来展望に対応して母語教育を行っている。モン語を教えている学習センター教師たちは、「モン族労働者は、2、3年で帰ってしまうので、タイ語よりモン語の方が大事と考えている。」と述べている。学習センターそのものが、帰国に備える準備教育施設と言えるだろう。

⑵ 往来的生活のための母語教育

　次に、実際のミャンマー家族の生活パターンから見ると、「往来的生活のための母語教育」が目的となっている。タイとミャンマーは地理的に近接し、トラックやバスを利用した交通手段が容易であるため、実際の彼らの生活では、頻繁にミャンマー帰国とタイ再入国を繰り返している。彼らは、あたかも国内の居住地から実家のある「いなか」に帰郷するかのように、祖父母や親族に会うため、祭りのため、送金のためなどさまざまな理由で頻繁に往来している。この往来的生活パターンは郷里との関係を強め、それが子どもへの母語学習の重視に結びついている。

6．新しい母語教育の試み—ユネスコによる母語教育支援

　近年、T県を中心としたタイ国周辺部の学習センターやタイ公立学校では新しい母語教育の試みが始まった。これまで述べたように、タイの母語教育は極めて限定的にしか行われておらず、個別的実践に留まっていた。しかし、近年、新たな母語教育拡大への動きが出てきている。

　まず、タイ政府の移民児童受け入れ促進策が徐々に浸透し、ミャンマー児童を受け入れるタイ公立学校が増加してきたため、公立学校の中で母語を取り入れたバイリンガル教育の試みも増えている。これらの学校では、放課後学級や特別学級を設置し、ビルマ語、カレン語などの母語が使える補助教員やチューターを活用し、ミャンマー児童へタイ語と母語を使った教育を実施している（WE, SC 2015）。しかし、こうしたバイリンガル教育の試みは増加しているが、教育省や教育行政による支援はなく、やはり個別的な学校やNGOの支援努力に任されているのが現状である。

　しかし、近年マスコミでも取り上げられるほど注目される母語教育の実践も始まった。それは、国際機関ユネスコ（UNESCO）が主導する母語教育推進のための国際的運動の一環として行われているプロジェクトである。

　ユネスコは世界の母語教育の普及に先導的な役割を演じ、1999年に言語と文化の多様性、多言語の使用、さらにあらゆる母語の尊重の推進を目的として国際母語デー"International Mother Language Day"（2月21日）を制定し、母語使用の重要性と母語教育の拡大を訴えている。ユネスコは、

多様な母語が地球上で使用され多言語使用が許容されることが、文化的多様性の尊重をもたらし、それが人類の想像力を拡大し、相互理解を深めると主張している[4]。タイのユネスコも、この母語教育推進プロジェクトを上述したT県や、その他のミャンマー児童や少数民族児童が学ぶ北タイの国境地域で実施している。

このプロジェクトは、「学校で学べない子どものためのモバイルリテラシー "Mobile Literacy for Out-of-School Children Project" と呼ばれる[5]。ICT（情報通信技術）の先端的技術を導入し、子ども達はタブレット端末を使い、母語、タイ語、算数などを学ぶ。タブレット端末にはユネスコが開発した学習用アプリケーション "Education for Migrants, Ethnic minorities and Stateless Children（EMESC）" がインストールされている。EMESCは、1000冊の本に相当するタイ語、ビルマ語、カレン語で書かれた教材である。児童は進度にあわせて3言語の中から教材を選び、学習することができる。

実際のEMESCのウェブサイトを見てみると、タイ語とビルマ語による小学校教科書や読書教材が多数ダウンロード可能となっている。このプロジェクトに参加していない学習センターや公立学校の教員でも、インターネットを使い自由にこの教材を活用することができる[6]。

さらに、このプロジェクトで興味深いのは、ユネスコ以外に、タイ教育省やマイクロソフト、TRUE（タイの携帯電話・インターネット事業者）など大手のIT企業との連携によって実施されていることである。

マイクロソフトはプロジェクト資金、タブレット端末の提供、タブレット使用のための研修を実施している。TRUEは、学習センターへのインターネット回線配置、衛星放送を受信する液晶大画面テレビの提供を行っ

4　ユネスコ http://www.unic.or.jp/news_press/info/7034/

5　ユネスコの "Mobile Literacy for Out-of-School Children Project" については次のリンクを参照。http://en.unesco.org/news/unesco-microsoft-true-corp-and-thailand-s-office-non-formal-and-informal-education-launch-ict
https://news.microsoft.com/th-th/2015/11/24/unesco_en/#sm.00015k13vpvxmdmg116lvu1m4ln6z

6　http://emescn.net/

ている。

　2015年には1440人の学習者と40名の教員がこのプロジェクトに参加し、400台のタブレットが20カ所の学習センターに提供された。およそ児童4人に1台のタブレット端末が支給されたことになる。ユネスコは、企業との連携によるミャンマー児童のためのモバイル教育プロジェクトを今後も拡大し、最終的に4000人の学習者100名の教師が参加することを目標としている。今後、現在は少数に留まっているタイ国内の母語教育がこうしたプロジェクトを通してさらに拡大していくことを期待したい。

参考文献
野津隆志（2005）.『国民の形成 - タイ東北小学校における国民文化形成のエスノグラフィー』明石書店.
野津隆志・松田陽子（2007）.「ニューカマー支援NPOと行政・教委・学校との連携形成の現状」『外国人支援NPOによる多文化共生ネットワーク形成の国際比較』平成16年度〜18年度科学研究費補助金　研究成果報告書. 研究代表者　松田陽子. (pp.9-25).
野津隆志（2014）.『タイにおける外国人児童の教育と人権 - グローバル教育支援ネットワークの課題』ブックウェイ.
WE, SC（2014）. World Education and Save the Children, *Pathways to a Better Future: A Review of Education for Migrant Children in Thailand.*
WE, SC（2015）. World Education and Save the Children, *Education for All in Action in Thailand: A Case Study of Good Practice.*

第8章

アメリカにおけるベトナム系住民の母語支援ネットワーク

久保田　真弓・北山　夏季

1．はじめに

　本章では、アメリカのベトナム系住民に対する母語教育の取り組みについて、ベトナム系住民の集住地域があるカリフォルニア州ウェストミンスター市と、比較的広域にわたり在住しているワシントン州シアトル市を取り上げ、比較検討することで、母語支援ネットワークについて考察する。現地調査結果は、2009年2月25日～2月28日に実施したもので、データは断りがない限り当時のものである[1]。

　2000年の米国国勢調査[2]によると、ベトナム系アメリカ人は、カリフォルニア州の人口の1.3%、ワシントン州の人口の0.8%いる。また、カリフォルニア州ウェストミンスター市の人口は88,207人、ワシントン州シアトル市の人口は、563,374人である。そのうち、ウェストミンスター市には、5歳以上の人口が81,596人おり、そのなかで英語だけ話すのが43.4%、スペイン語が17.0%、アジアと太平洋地域の言語が、36.3%となっている。一方、シアトル市には、5歳以上の人口が、538,000人おり、そのうち英語だけ話すのが79.73%、スペイン語が4.08%、アジアと太平洋地域の言語が、10.40%

---

[1] 本章は、次の論文を加筆修正したものである。
　久保田真弓・北山夏季（2010）「ウェストミンスターとシアトルにおける ベトナム系住民のコミュニティ比較 ―母語支援ネットワーク形成の観点から―」『情報研究』関西大学総合情報学部紀要, 33, 1-22.
[2] United States Census 2000 http://www.census.gov/main/www/cen2000.html
　"B16001 Language spoken at home by ability to speak English for the population 5 years and over"

である。これは言いかえるとウェストミンスター市在住の家庭で、英語以外の言語で話している人は、56.6%と多く、シアトル市では、20.3%にすぎないということである。したがって、それだけウェストミンスター市には、ベトナム人が集住しており、ベトナム語もかなり使用されていることがうかがえる。

そこで、このような特徴がある2市を取り上げ、ベトナム系アメリカ人に対する母語教育の実態を調査することにした。

2．母語を使用するメリット

歴史的経緯によりウェストミンスター市にあるリトル・サイゴンには、ベトナム系アメリカ人が集住している。古屋（2009）によるとベトナム難民として米国にやってきたベトナム人は、最初の定住地から二次移動をはじめ、特に、カリフォルニア州オレンジ郡に集中することになる。その理由としては、1）気候がベトナム南部と似ていること、2）雇用の需要があったこと、3）ベトナム語を使用できる生活を求めたこと、4）オレンジ郡にはカトリック教会が多く、難民家族のスポンサーになったこと、5）中国系ベトナム人がリトル・サイゴンの中心地に不動産を大規模に購入したことから、開発が一気に進み、ベトナム人が店舗を開き、ビジネスを展開できたこと、が挙げられ、リトル・サイゴンというコミュニティが形成されたという。

アメリカに定住後は、祖国への送金や仕送りが頻繁に行われ情報ネットワークが拡充する。それにともないベトナム政府も在外ベトナム人の経済力を経済再建に活用できると認識し、送金に関する法改正など様々な政策を打ち立て優遇することになる（古屋, 2009）。したがってアメリカに滞在することになってもベトナム語に精通していることは、祖国との関係を維持し、ビジネスを展開することにつながるので、メリットが大きかったと考えられる。

2000年以降は、アメリカの政治にも参入するためベトナム語で選挙登録の方法を書いたパンフレットを配布し、ベトナム人選挙人登録者数を増やし、ベトナム系の候補者を次々に立候補させ当選させていく（同上）。その

原動力は「アメリカの行政や政治内でベトナム人が地位を得ることが、ベトナムとの対話窓口になり、ひいてはベトナムの民主化に繋がること」（同上, p.248）にある。さらに、2004年には、「ベトナム系の教育委員が3名になり委員会の過半数の席を占めたため、彼らは彼らの意向を反映した教育プログラムをアメリカ社会の中で実現することが可能になった」のである（同上, p.249）。

このようにベトナム語だけでなく、英語も駆使することで、アメリカ国内でも公的にベトナム人の地位向上に貢献する者があらわれ、次世代を担う子どもたちの教育にも関与できるようになっていった。次節でこの点について具体的に見ていこう。

3．ウェストミンスター市における調査結果
(1) 集住地域
国内外から「リトル・サイゴン」と呼ばれるほど、ベトナム人過密集住地域で有名なウェストミンスターでは、日常的に利用するスーパーマーケットや書店、レストランなどの店舗や看板など、どこをみても、ベトナム語が多々使用されており、ホテルのロビーでもベトナム語ばかりを耳にする。さらに、テト祭りなどベトナム文化を代表する祭りを定期的に企画・運営・実施するなどして、街全体でベトナム文化を前面に押し出し継承している。そのようなイベントの開催は、ベトナム系住民のアイデンティティを高め結束力を促すだけでなく、地域の他の住民にベトナム人住民に対する認知度を高める効果をももたらすと考えられる。このような社会的アイデンティティ形成が集住地域という場と活動を通して構築されているといえよう。

(2) 高等学校にみるベトナム語教育
リトル・サイゴンにある約100校の高等学校のうちベトナム語を教えているのは4校である。そこで、そのうちの2校、ボルサグランデ高校とウェストミンスター高校を訪問し、ベトナム語の授業を参観した。

① カリキュラム

　ボルサグランデ高校は、全校生徒2,000人～3,000人規模の公立学校で生徒数の50％強がベトナム人、残りはラテン系アメリカ人である。ウェストミンスターの公立高校のなかではベトナム系の生徒が一番多い。ただし、民族間の対立はないという。生徒は、皆米国生まれである。これはウェストミンスター高校でも同様で生徒はアメリカ生まれか小さいときにアメリカに来た生徒だという。

　ボルサグランデ高校では、ブロックカリキュラムとレギュラーカリキュラムがあり、ブロックカリキュラムにして、まだ6年目（調査時）である。

　高校では2年間、外国語を履修する必要がある。ボルサグランデ高校では、スペイン語、ベトナム語の2カ国語から、ウェストミンスター高校では、ベトナム語、フランス語、スペイン語、韓国語の4カ国語から選択する。リトル・サイゴンのベトナム人生徒は、アメリカ生まれではあるが、すでにベトナム語ができるので簡単に単位が取れるという理由でベトナム語を選択していた。ボルサグランデ高校では、スペイン語のレベルは、1、2、3、4と初級から4段階あるのに対しベトナム語は、レベル2、3、4のみで初級クラスがない。それだけベトナム人にとっては、生活語としてのベトナム語はできるので既習事項を整理するところから学習しているようである。ただし、語学の学習に関してウェストミンスター高校では、3回休んだら、土曜日に来て学ぶ必要があり、単位保留になったら卒業はできないなどかなり厳しい姿勢で臨んでいる。

② カリフォルニア州の指針と教科書

　高校生のレベルにあわせたベトナム語の教科書がないのが問題である。担任の教師によると大学の教科書を生徒のレベルに合わせて適宜取捨選択して使用しているという。教師が、教科書を決めて、それを学校に申請し、許可が下りるまでに1か月くらいかかる。決めた教科書は7年ごとに見直す。また、厚くて重い教科書は、生徒に貸すシステムになっている。

このように高校で使用するベトナム語の教科書が指定されていないので、カリキュラムも統一はされていないのが現状である。ボルサグランデ高校の教師は、スペイン語のカリキュラムを見て、自分なりに合わせていると述べていた。ただし2009年1月にカリフォルニア州からシラバスの指針が出された[3]。これは"World Language Content Standards for California Public Schools, Kindergarden Through Grade Twelve"（カリフォルニア公立学校K-12外国語教授内容に関する基準）と呼ばれるもので、カリフォルニア州の特徴とする多言語・多文化を尊重し、子どもたちに言語と文化を1から5段階を経て学習させようというものである。ただし言語別や年齢別に表記されているわけではなく、「内容 (Content)、コミュニケーション (Communication)、文化 (Cultures)、言語構造 (Structures)、使用場面 (Settings)」別に4段階の導入項目の詳細が示されている。学習者は、必ずしもゼロから始めるわけではないので、学習を始めるときのレベルを見極め、その段階から各能力を引きだそうという考えである。単に言語を習得するだけでなく、習得した言語を実際の場で適切に運用できるところまで求めている。ボルサグランデ高校の教師は、これによって「初めて教えるべきことが整理されてよくなると思う。自分は、この指針が出てよかったと思っている。やってきたことが間違っていないこともわかるし、目指すことがはっきりするので良い」と喜んでいた。

③　ベトナム語担当の教師

　ウェストミンスター高校の専任教師Tは、ベトナム人で大学院の修士号をもつ。この教師Tが、8クラスあるクラスのうち5クラス（180人）を教え、残りは非常勤講師が担当している。

　ボルサグランデ高校の教師Qは、ウェストミンスター高校の教師Tと一緒に教員研修を受けた仲間である。教師Qは、6年前にこの学校に赴任した。本人は、12才の時にベトナムより米国に来ている。赴任

3　調査時ではdraftだったが、その後に公開された。

当初は、3クラスでベトナム語を教え、他に2クラス数学も教えていた。その後、生徒数が増え現在は5クラス担当しており、他の教師が3クラス教えている。専門は、子どもの発達で、複数の資格を持っている。

　ベトナム語の教師はともにベトナム人であり、ベトナム語だけでなくベトナム文化も盛り込み工夫して教授していた。

④　教科書

　高校の授業でベトナム語の選択肢があることは、ベトナム語の維持に役立つが、レベルに合わせた高校生用の教科書がないのが課題である。教科書作成には、大学レベルの専門家が関与する必要があり容易ではない。しかし、大学レベルでベトナム語学科が着実に増加しているので（Tran, 2008）、これは、時間の問題ともいえる。とくに語学履修に関するシラバスが整備されたことから順次教科書開発も整備されていくことだろう。

(3) NGOの支援

　ベトナム語の教育は、通常学校以外の語学学校で実施される。Tran (2008)によると1998年時には、San Gabriel Valley からカリフォルニアのSan Diegoのあいだに55の語学学校があり、南カリフォルニアだけで、8000人の生徒がいた。これらの学校の場所は、大方、教会か寺院であるという。

①　南カリフォルニア・ベトナム語学校代表委員会

　この委員会は、カリフォルニア州全域と米国の各州に存在するベトナム語教育組織に向けて教材の開発、教員のための研修会の実施、伝統文化継承のためのイベントの主催、マスメディアを通じた母語教育の啓蒙活動など種々の活動に従事している。ウェストミンスターに代表委員会が置かれている。語学学校で使用する教科書は、この委員会が作成したものが主流となっており、その意味でこの代表委員会がNGOとしてベトナム語教育をリードしているといえる。

② 教会の支援

　ウェストミンスター・カトリック共同体ベトナム語学校は、教会の支援を受けて運営されている。この学校では、毎週土曜日、私立のキリスト教系学校の校舎を借り、カトリック信者有志が中心となってベトナム語教室を開いている。14クラスあり、生徒数は375人、教員と補助員はあわせて60人いる。学年は幼稚園からあるが、学年の生徒数にはばらつきがあり、2009年は、3年生（Grade 3）が40人と多い。教師は、皆ボランティアでエンジニアだったり弁護士だったりと背景は、さまざまである。生徒は、教科書代も含め年間60ドルを学費として払う。いくらかのお金を払うことで生徒は勉強に専心するという。教科書は、前述のNGO南カリフォルニアベトナム語学校代表委員会が開発したものを使用している。

　授業は、午後2：00から午後4：15であるが、間で15分間の休憩があり、皆でおやつを食べる。午前中には宗教の時間があり、それより前には運動する時間もあるので、生徒によっては、土曜日を一日中ここで過ごす者もいることになる。各クラスを回って視察したが、小さい子もみな熱心に勉強していた。

　ここの教師の一人TK先生の考えでは、「7歳までに言葉を学ばせてから学校で英語をやる。おとなになってから思い出させるほうが、大人になってからはじめて接するより良いと思っている。当然だが語学学校に入学した時にすでに語学のレベルが違う。話せるが読み書きが弱い子どもが多い」という。また、ここでは、北ベトナムの発音が主流である。前述したウェストミンスター高校の生徒の何人かは、週末にこの南カルフォルニアベトナム語センターに来ている。

③ 寺院の支援

　訪問した寺院は、住宅街の一角にあり、長方形の建物がコの字になっており、大きな中庭を囲むように本殿と図書館兼運動スペースとなる建物が配置されている。寺院は教会のようなネットワークがないので寄付も少なく大きな建物は建てられないという。このお寺ではまだ語学学校は開設されておらず、関係者K氏は、近くの学校の教室を借

りてベトナム語を教えている。生徒数は120名で教室を借りるのにひと月5,000ドルかかっている。

K氏は、自分の子どもに2歳の時からベトナム語を教えていた。英語を禁止してとにかくベトナム語を話させていた。その経験から自分の生徒が、恥ずかしがって話さなくてもとにかくベトナム語を口から出して話すようにさせるのが課題であると思っている。両親によっては、全くベトナム語に関心がなく英語だけで教育しようとする者もいるが、そういう人には「でも、あなたはベトナム人でしょ」といってベトナム語学習を促しているという。

以上みてきたように、ウェストミンスターでは、教会のネットワークが非常に強く、それがベトナム人が集住するコミュニティと連動し、ベトナム語を学習する子どもたちの募集だけでなく、その子どもたちを教えるボランティアを潤沢に確保している。ボランティア教師は、22歳くらいから高齢者まで様々であるが、毎週土曜日に自分の時間を割いて熱心に授業にあたっている。今回の調査では検証していないが、キリスト教の奉仕の精神による行動ではないかとも思われた。

④ メディア（ラジオ、テレビ）の利用

リトル・サイゴンにあるボルサラジオ局では、毎月第4水曜日の19時から30分間、前述の南カリフォルニアベトナム語学校代表委員会によるベトナム語教育普及番組が放送されている。筆者らがリトル・サイゴンを訪問した2009年2月25日に2年ぶりの放送をするといわれ、急遽、現地到着早々の筆者（北山）が登場することになった。このプログラムに子どもたちを今後出すつもりなのでよいモデルになるという。さらにVAN-TV（Vietnamese American Network Television）というテレビ番組にも出演するように要請された。

このように日本からの訪問客がベトナム語で会話する様子をメディアを使って放送することで、ベトナム語学習者に良いモデルが提示できる。日本人でも学習すればこのぐらいベトナム語をあやつることができるということを示せるわけだ。これは、ウェストミンスターで活躍する南カリフォルニアベトナム語学校代表委員会のメンバーが、メ

ディア関係者ともネットワークがあり、かつ、ベトナム語学習の向上を常に志向しているために可能となった事例である。

4．シアトル市における調査結果
(1) 語学学校
　①　ダックロベトナム語学校（Truong Viet ngu Dac Lo）

　　ダックロベトナム語学校は、教会の横の敷地にある学校を借りて授業を行っている。ここに移ってきてまだ2か月しかたっておらず、きれいにペンキで塗られて、教室らしく明るくこぎれいであった。生徒数は、全部で155人おり、内訳は以下のとおりである。レベル1：40人、レベル2：30人、レベル3：45人、レベル4：40人。

　　学費は、場所を移転したばかりなので、2009年1月から6月までの6か月で100ドルのみであった。2009年9月からは、学校の学年歴にあわせて授業をする予定で、それによっては、学費は上がるかもしれないという。

　　このダックロベトナム学校の総括者であるT氏は、ソーシャルワーカーで1969年にシアトルに来た。熱心に子どもたちにベトナム語を習わせることに従事してきたが、自分自身の家族は違う。結婚し、21歳と18歳の子がいるが、夫も子どもたちもベトナム語を話さない。T氏は、家庭環境によってはベトナム語を子どもに学ばせるのは難しいと実感している。

　②　ホンバンベトナム語学校

　　ホンバンベトナム語学校の場合は、通常の学校を日曜日に借りてベトナム語学校を開催している。したがって各教室や廊下にある子どもの掲示物を破損しないように気を使って使用している。教室を借りた当初は、語学学校の生徒にその点を十分に指導していなかったので、破ってしまったりし、もめたことがあったという。しかし、現在は、何も問題はなく、語学学校の子どもも理解しているうえ、ボランティアの保護者が、使用後掃除をし、すべて元通りに直して気をつけている。その点で、保護者の協力姿勢も運営に欠かせないことがわかる。また、

授業終了時間に合わせて迎えに来た保護者が多数玄関先で待っており、大都会のシアトルでは、送り迎えでも保護者の協力がなければ、子どもたちの継続した学習は成り立たないことがうかがえる。

　ホンバンベトナム語学校には、全部で13クラス、280人の生徒と25人の教師がいる。学費は60ドルである。生徒数はレベルによりさまざまで、例えばレベル3のクラスには、14人の生徒がおり、年配の女性の先生が英語も使用して教授していた。休憩時間には、子どもたちが全員ホールに集まりおやつを食べるなどの楽しみもある。

③　他のベトナム語学校

　シアトルには、ベトナム語学校が他にも点在しているが、相互の交流はない。そこで、初めての試みとして、筆者の訪問に合わせ、後述するシアトル市職員が、シアトルにある5つのベトナム語学校の関係者を呼び各学校の現状を話し合う会合を開催した。出席した学校は、チュー・ヴァン・アン学校、コー・ラム学校、ダックロ学校、ハイ・ダン学校、ホンバン学校である。発表は、ベトナム語と英語で行われた。また、会合に合わせ各学校の実情をまとめた資料が配布された。

　ベトナム語学校は、通常、週末に開催し、生徒の負担にならないようにしている。しかし、学校によっては、地域と生徒の実情を鑑み、金曜日の夕方6：00－8：00の時間帯に教えている。そして、7月から9月までを夏休みにすることにより、生徒の通常の学校の勉強の妨げにならないように配慮している。

　さらに、会合では、何のためにベトナム語を学ぶのか、という子どもからの問いに答えること、また、毎日話させることが、難しいという認識に至った。レベルがバラバラで7歳と8歳を一緒に指導しなければならないなど教室数、教員数、子どもの人数、レベル、などの兼ね合わせが難しいようである。

(2)　シアトル市職員の努力

　シアトルでは外国生まれの住民が急増しており、2010年には、シアトルの人口の20％にあたる120,000人に上ると考えられている。なかでも

英語を話す能力が不十分な子どもは、2005年に6091人いるとされている（"Immigrant & Refugee (I/R) Report and Action Plan" 2007-2009）。そこで、市は、積極的に多文化社会をアピールし、さまざまな施策を打ち出している。しかし、各マイノリティ、例えば、太平洋地域（ベトナム、中国、カンボジア、フィリピン、サモア）、中南米（メキシコ、ホンジュラス、グアテマラ、コロンビア、エルサルバドル）、東アフリカ（エチオピア、エリトリス、スーダン、ソマリア）、中東（イラク、ヨルダン）の置かれている状況は様々である。そこで、ベトナム人であるS氏は、シアトルにおいて幾つかのマイノリティグループの一つでしかないベトナム人の存在が社会に埋もれることに危機意識をもち、自らシアトル市の職員に志願し、早期学習と家族サポートに関するプログラム作りの専門家になった。現在、さまざまな調査に従事し、それを施策に反映させる仕事をしている。たとえば、ベトナム人の存在をアピールし、ベトナム人を支援する関係NGOに対して助成金の情報を提供するなど、意識してトップダウンの支援を目指している。前述のベトナム語学校の代表を呼んだ会合の開催を企画、運営したのもこのS氏による。

(3) 公立中学校の修学旅行

　ベトナム語学校ではなく、通常の公立中学校の修学旅行では、アジア志向が高く、予算が限られていても訪問可能なベトナムに人気がある。事前準備として通常の授業時間より前の朝8時に45分間のベトナム語の授業が設けられている。この授業には、13歳と14歳のGrade 8の生徒25人のほかに担任の教師と引率する保護者2人が出席していた。生徒のうち2人はベトナム人であり、そのうち一人は前述のダックロベトナム語学校にも来ていた生徒である。後述するNGO Vietnamese Friendship Associationのスタッフが、この授業を担当し、ワークショップ形式でベトナム語の語彙を導入していた。

　このようにベトナム系の子どもの視点にたてば、同じ中学校の生徒同士でベトナムを訪問することになり、ベトナム人としてのアイデンティティ強化にもつながるのではないかと思われた。また、他の白人系アメリカ人

の生徒にとっても同年齢の視点でベトナム理解が進むと考えられる。

(4) シアトルのベトナム系アメリカ人のためのNGO
① Helping Link

　Helping Link は、シアトルのリトル・サイゴンにあるNGOでMD氏が1993年に創設したNGOである。活動内容は、ベトナム系移民が米国で市民権を得るための英語教育支援、就職のためのパソコン教室、第二言語としてのベトナム語学習支援、などである。NGOの事務所には、事務室のほかコンピュータ室や学習室がある。スタッフは、3人がパートタイム、4人がフルタイムでおり、別途、夏のプログラムのためにおもにワシントン大学の学生6人をパートタイムで雇っている。

　2006年からは、シアトルの公立学校の「バイリンガル生徒へのサービス部署」と連携して4年生から8年生までの数学の補助をしている。さらに2007年からは、シアトル大学と連携しベトナム語のイマージョンプログラムにかかわっている。また、夕方4時から6時には、子どもの補習授業として、おもに作文、宿題、数学の支援をしている。とくに子どもたちには語彙の問題があり、ここで集中して勉強させている。さらに、1週間に一回美術を教えたり、数学に折り紙を使用したりして工夫して教えている。

　2005年にNPOの税制優遇のステータスを得てから、このように精力的に他機関と連携して活動している。

② Vietnamese Friendship Association（VFA）

　Vietnamese Friendship Association（VFA）は、ソーシャルワーカーであるベトナム人V氏が所長となり、立て直したNGOである。理事の交代もなく長年にわたり活動が停滞していたVFAをNAVASA（National Alliance of Vietnamese American Service Agencies）から派遣されたV氏がAmeriCoprsの補助金を得て、立て直しをした。その際にベトナム人だけを対象にするのではなく、マイノリティを対象にすることで補助金を獲得しやすくしている。また、プログラムの一

つとしてNavigating Vietnam（ベトナムへの航海）と称して近隣の小学校でベトナム文化理解ワークショップを開催し、マジョリティに向けてマイノリティであるベトナム系住民のことをアピールする活動を盛り込んでいる。

　2007年と2008年に実施されたプログラムのひとつにEducation Assistance for Student Empowerment（生徒のエンパワメントを目指す教育支援）がある。これは放課後教室で通常の学校で理解しにくい数学や国語などを独自の方法で補習している。この活動の運営では様々な機関が連携している。たとえば、シアトル市の人材派遣部署、自治会部署等からは助成金、South Seattle Community Collegeからは教室など場所の提供、いくつかのシアトルの公立小学校からは、補習が必要な子どもの募集、ワシントン大学の教員研修プログラムからは修士レベルの学生を教員として派遣してもらうなどである。どのプログラムもこのように15機関くらいと連携して企画、運営、実施されている。

　このように補助金を受け、連携機関も多いことから、活動の評価を含めた報告書も丁寧に作成されており、次年度の計画作りの土台としている。つまり、連携することにより情報が公開され、それがさらにVFAの活動の指針作りに役立っている。

　プログラムは、常に参加する生徒の視線でも考えられている。たとえば、土曜日のプログラムでは、9：45 - 12：45に英語と数学の補習をしているが、この授業時間は、バスの時間にあわせたものになっている。また、バス代は、一人一回1.75から1.50ドルかかるが、生徒に、バスの切符を渡して教室に来させている。集まってくる子どもの半分が低所得者層の地区からなので、このような配慮をしているのだ。

　マイノリティとしては、ベトナム系以外にヒスパニック系、アフリカ系、その他のアジア系がいるが、ベトナム系の子どもからの英語教育の要望が強く、それに合わせると他のエスニックマイノリティーがついてこないなどまだ改善点は多々あるようだ。

　VFAのスタッフは、すべてがベトナム系というわけではなく、白

人、日本人などさまざまである。スタッフは、人種というより会計、カウンセラーなどの専門的な資格を持つ者で構成されている。今回の調査でお世話になったYouth Education Service担当スタッフは、ワシントン大学でベトナム語を専攻した白人男性であった。このように自分自身のルーツに関係なくVFAのミッションに賛同して活動する点が、ウェストミンスターのNGOと違う点である。

5．おわりに

　本章では、アメリカのベトナム系住民に対する母語教育の取り組みについて、ベトナム系住民が集住しているウェストミンスター市と、広域にわたり散住しているシアトル市を取り上げ、母語支援ネットワークについて比較検討した。集住地域では、母語を利用するメリットが視覚化でき、それがまた母語を維持する動機付けになったり、学校教育の正規科目としてベトナム語を位置づけたりすることが可能となっている。またそれらを支援するのは主にベトナム系アメリカ人である。一方、散住地域では、ベトナム系アメリカ人の支援として特化するというよりマイノリティの支援として位置づけられ、さまざまな組織が連携して実践している。

　両地域とも地域の実情に合わせたボトムアップの支援があることはもとより、教育委員会や市役所に配属されたベトナム系アメリカ人が自分ごととして意識的にベトナム系アメリカ人支援に関する政策立案にかかわり、トップダウンで支援している点が特徴的であった。

　母語としてベトナム語を維持することがベトナム系アメリカ人にとってメリットして感じられるかどうかは、母語学習の動機づけと関連があり大きな課題であろう。昨今では、2009年の調査時に比べ、ICTやSNSを駆使することで本国ベトナムとつながることがさらに容易にかつ個人レヴェルでも実践可能となってきた。今後は、これらをうまく活用することで、母語維持の動機づけを後押しできるのではないだろうか。その際に、修学旅行でベトナムへ一緒に行ったクラスメートなど横とのつながりもベトナム系アメリカ人生徒にとっては、重要なネットワークの一要因になるのではないだろうか。

参考文献

野津隆志（2007）『アメリカの教育支援ネットワーク』東信堂.
古屋博子（2009）『アメリカのベトナム人　祖国との絆とベトナム政府の政策転換』明石書店.
松田陽子・野津隆志・落合知子・久保田真弓編著（2007）『外国人支援NPOによる多文化共生ネットワーク形成の国際比較』平成16〜18年度　科学研究費補助金（基盤研究C）研究成果報告書, 研究代表者　松田陽子.
Ferry, J.（2004）*Vietnamese Immigration*, Mason Crest Publishers.
Tran, A.（2008）Vietnamese Language Education in the United States, *Language Culture and Curriculum* Vol.21, 3,（pp.256-267）.

参考ウェブサイト

"World language Contents Standard for California Public schools, Kindergartens through Grade Twelve" Adopted by the California State Board of Education, January 2009.
http://www.cde.ca.gov/be/st/ss/documents/worldlanguage2009.pdf（2016. 8. 15）
United States Census 2000
http://www.census.gov/main/www/cen2000.html（2010. 5. 29）

第9章

オーストラリアの「コミュニティ言語」教育

松田　陽子

1. はじめに[1]

　オーストラリアは、さまざまな国からの移民を多数受け入れることで国家建設を行ってきた国である。イギリス・アイルランドからの移民によって基礎を作り、1788年の建国以来200年以上を経て、多様な移民を受け入れながら成長を続けてきた。第二次世界大戦後は、大量移民計画を打ち出し、すでに、移民[2]や難民を660万人以上受け入れてきている（浅川2006）。1970年代より多文化主義政策をとっており、移民の出身国も大きく変化してきている。2006-7年では、約14万人の新移民（難民を含む）のうち、62%以上が非英語圏の出身者である。非英語圏の出身国として多いのは、インド、中国、フィリピン、南アフリカ、ベトナム、マレーシア、スリランカ、スーダン、イラク、アフガニスタン、韓国、タイ、インドネシア、シンガポール、ビルマ（ミャンマー）、フィジー、パキスタン、レバノン、イラン、香港となっている。(Cardona, B., Noble, G. and Di Biase, B. 2008, p.7) 多文化主義政策は時代と共に変化し、揺れ動いてきているが、基本的には、一つの核として、移民の人々の言語・文化を尊重すべきことが唱道されてきている。

　移民の人々が自身のルーツの言葉として家庭で使っていたり、次世代に継承しようとしたりしている母語は「コミュニティ言語」という概念で表

1　本章は松田 (2011) の内容をもとに加筆修正したものである。
2　移民は、主として労働力確保を目指すものであるが、人道的な配慮の移民受け入れもあり、技術移民、家族移民、人道移民、特別移民などのカテゴリーがある。

されることが多い。「エスニック言語」という名称も使われるが、これについては、英語話者と非英語話者を差別するというマイナスのイメージが伴うと感じられることもあり、また、ほかのエスニックの人が使うこともあるため、1975年頃から「コミュニティ言語」が広く使われるようになっている (Clyne 1991, p.3)。母語という言葉は非常に曖昧なため、あまり使用されていない。国勢調査などの人口統計では、「家庭で話されている言語」という範疇で調査がされている。

また、高校卒業資格試験（大学の入学資格に使われる）の科目として、多数の言語選択があり、コミュニティ言語も選択科目として置かれている[3]。たとえば、ニューサウスウェールズ州では、2009年度に35言語の選択があり、多くの言語でレベル別に提供されていた[4]。選択言語の多くはコミュニティで使用されている言語である。

本章では、大規模な移民コミュニティを擁するオーストラリアでのコミュニティ言語教育の状況を概観し、国の言語政策がどのような影響を及ぼしているかに焦点を当てる。そして、日豪両国の状況を比較することで、多文化主義の政策に基づく言語政策の存在が母語教育の支援体制にどのように影響しているのかを考察し、政策の重要性と支援の課題を考える。

2．オーストラリアのコミュニティ言語教育の現状

オーストラリアのコミュニティ言語教育を考える時、どの言語がコミュニティ言語であるかということは明確ではない。その言語学習がコミュニティでの使用を目的とする場合は、コミュニティ言語教育と考えられる。イタリア語のように、イタリア系移民の家庭で使用されることが多い言語であっても、同時に外国語として学ぶ人も多数いる。日本語のように、家庭での使用言語としての話者が少なく、外国語として学ぶ人が多い言語の場合でも、家庭の言語（母語）として学ばれる場合は、コミュニティ言語と位置づけられる。

3　この試験制度は州によって異なる。
4　NSW州教育委員会のウェブサイトより。
　　<http://www.boardofstudies.nsw.edu.au/syllabus_hsc/languages.html>（2009.10.2)

コミュニティ言語教育には、**図1**のとおり、主として二つの側面が関与する。

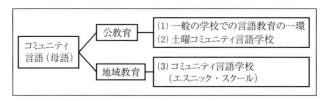

図1　オーストラリアのコミュニティ言語教育の体系

第一に、公教育としての学校教育のカリキュラムにおける言語教育の一つとしての位置づけである。2003年の調査では、全国で103の言語（そのうち68言語は先住民の言語）が、公立・カトリック系・独立（私立）学校で教えられている（MCEETYA 2005, p.4）。さらに、通常の学校のカリキュラムで学ぶことができない言語については、その言語が家庭での言語（母語）である生徒のために、州の教育省によって、土曜コミュニティ言語学校（Saturday School of Community Languages）で言語コースが開講されている。これについては、ニューサウスウェールズ州、ビクトリア州、南オーストラリア州で幅広い取り組みがなされている。ニューサウスウェールズ州では、7年生から12年生（日本の中高校に相当）を対象として16のセンター校で開かれており、2010年度では24言語について、約4,200人が学んでいる[5]。

第二に、放課後・週末のコミュニティ言語学校（エスニック・スクール）[6]での教育である。コミュニティ言語学校は、地域コミュニティで、移民が母語や母文化を子ども達に維持・習得させるために、放課後や週末に行っている私的な学校であるが、政府は、規準を満たす学校に対して助成金を

---

[5] ニューサウスウェールズ州教育省 Saturday School of Community Languages での調査より。（2010年9月1日）
[6] 学校の名称としては、州によって「エスニック・スクール」を使用している所と「コミュニティ言語学校」を使用している所があるので、本稿では参考資料の原文に合わせて適宜使用している。

出している。2009年時点では、全国で69のコミュニティ言語を、1,090のコミュニティ言語学校で、約106,000人が学んでいる[7]。

2006年の国勢調査によると、家庭で英語以外の言語を話す人が全国で約350万人で、全人口の約15%に上っている[8]。英語以外で話者が多い言語の上位15は以下の**表1**の通りである。これらの話者の大部分は、家庭外での日常生活では英語を話していることが多いため、二言語ないしはそれ以上の言語を日常的に使っている人々である。

表1　家庭で話されている言語の上位15（1996年と2006年）（単位：千人）

言語	1996	2006
英語	14564.9	15581.3
イタリア語	375.8	316.9
ギリシャ語	269.8	244.6
広東語	202.5	244.6
アラビア語	177.6	243.7
北京語	92.4	220.6
ベトナム語	146.3	194.9
スペイン語	91.3	98.0
ドイツ語	98.8	75.6
ヒンズー語	34.0	70.0
マケドニア語	71.3	67.8
クロアチア語	69.2	63.6
韓国語	29.9	54.6
トルコ語	46.2	53.9
ポーランド語	62.8	53.4

（Cardona, Noble, and Di Biase 2008, p. 7, 表1より作成）

1970年代にオーストラリア連邦政府が多文化主義政策を打ち出してからは、移民の人々の英語力だけでなく、母語に関する言語問題についても

7　Community Languages Australia のウェブサイトより。
　　<http://www.communitylanguagesaustralia.org.au>（2009.11.17）
8　Australian Bureau of Statistics, 2006 Census of Population and Housing B12,
　　<http://www.abs.gov.au/ausstats/abs@nsf/>（2008.7.23）

政府の責任として対応する政策が次々と策定されてきている。1973年にアル・グラスビー移民省大臣が「未来のための多文化社会」という論考を発表し、移民の言語維持を重視し、移民の言語は価値ある社会資源であることを公的に流布し始めた (Ozolins 1993)。彼はその中で、学校の外国語教育カリキュラムの中に、移民の言語・文化が取り入れられるべきことを提言した。その後、ビクトリア州の高校卒業資格試験の科目として、現代ギリシャ語が導入され、次いで、チェコ語、ラトビア語、セルボ＝クロアチア語、ウクライナ語が取り入れられ、以後、他の言語にも広がっていった。（同上）

3．連邦政府の言語政策におけるコミュニティ言語の位置付け

　オーストラリアでは、1987年に「言語についての国家政策 (National Policy on Languages)」(Lo Bianco 1987) が策定された。その政策の中核は、多様な言語の教育を推進することであった。「人々の多言語能力は、文化的・知的生活を豊かにする貴重な国家の資源であり、国際貿易に使用され得る貴重な経済的資源である」(p.6) という認識を示し、新たな外国語の習得と同時に、コミュニティで使われている言語が維持されることを支援するとされている (p.7)。経済的資源として役立つ言語に対する重要性への意識が滲み出ているものの、国の方針として移民の話すさまざまな言語の維持の重要性を認知し、その教育体制を伸展させることを公的に明言したものである。そして、コミュニティ言語学校（エスニック・スクール）で放課後や週末に行われている母語教育については、さらにその質を高めて、昼の学校と連携し、教育を推進すべきであるとしている (p.142)。 ただし、コミュニティ言語学校のための明確な予算措置等による支援体制の強化などについては、この中では触れられていない。

　この政策では、主として、公教育において多言語を子ども達に学ばせることを重点化しているが、その中には日本語のように主として外国語として学ばれる言語と、ベトナム語のように、主としてコミュニティで使われている言語として学ばれるものの両方を含んでいる。この言語政策に基づき、各州でも言語政策が策定され、小学校や中等学校（中・高校）のカリキュ

ラムでは、LOTE（Languages Other Than English, 英語以外の言語）という科目として必修化が進められるようになった（松田2009）。

　1991年に政権が変わって、新たな言語政策（Australia's Language: the Australian Language and Literacy Policy）（Dawkins 1991）が発表された。この言語政策（ALLP）でも、移民の言語維持の重要性を指摘しており、従来からコミュニティ言語の教育を行っているエスニック・スクールでの言語教育をさらに推進していくべきことに言及している。公教育の中で、多様な言語を教育する体制を作ることは非常にコストがかかることもあり、エスニック・スクールでの言語教育を充実させて、それを活用することのほうが、経済的にも合理的であるという判断が強まってきたと考えられる。

　1994年には、アジア言語の中でも、特に経済的関係の強い国（輸出市場として重要な国）の言語として、日本語・中国語・韓国語・インドネシア語の4言語に特化し、これらの国の文化や社会についても重点的に学ばせるための政策が打ち出された。

　その後、2005年に発表された「オーストラリアの学校における言語教育に関する国家声明と国家計画2005-2008」（MCEETYA: Ministerial Council on Education, Employment, Training and Youth Affairs, 2005）でも、多様な言語の教育の重要性を強く訴えており、「すべての言語は等しく有用性がある。」[9]（p.7）と述べ、コミュニティ言語、先住民言語も含め、さまざまな言語が、通常の学校教育だけでなく、エスニック・スクール（コミュニティ言語学校）との連携を促進し、教育の質を高めて活用することが提案されている（pp.7, 13, 14）。

　以上の通り、1987年以後、継続して策定されるようになった連邦政府の言語政策の文書では、多様な言語の教育を推進するという方針と、通常の学校でのコミュニティ言語教育と放課後・週末のコミュニティ言語学校での教育を連携させようという方針が強く意識されるようになってきたことがわかる。

9　これについては、すべての言語の等しい価値を強調することで、それまでのアジア4言語を重視する政策の方針転換を示そうとしたものと考えられる。

これらの連邦政府の政策に伴って、各州も言語政策を発表している。コミュニティ言語に関しては、たとえばニューサウスウェールズ州では、2010年に、「全国一のコミュニティ言語支援計画―両親の言語保持支援に向けて」と題する計画案を打ち出した。コミュニティ言語学校に対して、学生一人当たりの支援額を年間60豪ドルから、120豪ドルに倍増し、学校の新設のための助成金を1,000豪ドルから2,500豪ドルに増額し、教材や教師養成への支援費用も拡充するとしている。そして、「これによって、ニューサウスウェールズ州での多文化主義と多様性の重要性についての明白なメッセージを発するものである。」と述べている。(NSW Government News Release, 23 November 2010)。さらに、2015年にも「言語を通じてつながるコミュニティ（'Communities United Through Language'）」という政策によって、コミュニティ言語学校への財政支援を増加させる政策を打ち出している。

4．日本語・中国語・ベトナム語のコミュニティ言語学校の現状と課題―4州での現地調査より

(1) 調査について

　オーストラリアでは、各州によって移民の集住状況も異なり、また、州の独立性が強く、公教育のあり方やコミュニティ言語学校の支援のしかたにも違いが見られる。州ごとのコミュニティ言語学校の状況は**表2**の通りである。

　筆者が調査したのは学習者数の多いニューサウスウェールズ州（NSW）のシドニー、ビクトリア州（VIC）のメルボルン近郊、西オーストラリア州（WA）のパースと南オーストラリア州（SA）のアデレードの、日本語・中国語・ベトナム語の母語教育を行っているコミュニティ言語学校（計6校、各2時間程度、2008-2009）である。

　以下では、三つの言語の学校事例の一部を示す[10]。

10　詳細は松田（2011）参照。

表2　州別コミュニティ言語学習者数（2009）

州・地域	提供されている言語数	総学習者数（人）	総学校数
首都特別区	29	1,645	42
ニューサウスウェールズ	48	30,997	461
北部準州	7	1,500	8
クイーンズランド	15	4,161	32
南オーストラリア	44	7,460	143
タスマニア	6	272	10
ビクトリア	43	34,028	184
西オーストラリア	43	26,590	210

（Community Languages Australia のウェブサイト[11]より）

(2) 調査校の状況

① J校 – 日本語

　日本語の母語教育の体制としては、日本語補習校（日本政府の支援が行われている学校）と、コミュニティ日本語学校（日本人コミュニティとオーストラリア政府の支援のみで運営されている学校）がある。いずれも、週末に行われている学校である。1990年代以降、後者の形態の日本語学校（母語教育）が非常に増えてきている。おそらく、定住する日本人や国際結婚の日本人が増加してきているためであろう。また、学校設立の支援体制が整ってきて、場所の確保や設立補助金の増額などの支援があって、若い世代の日本人が積極的に学校を作ろうという態度を持ち始めたと考えられる。

　このほかに、シドニーには、全日制の「日本人学校」が1969年に設立されており、これは日本の文科省が運営する学校である。

　ニューサウスウェールズ（NSW）州にあるJ校は小学校の校舎を借りて日曜の午前中に開かれている。学校の設立は1992年で、この地域

11　Community Languages Australia/ Australian Federation of Ethnic Schools Associations, Statistical Figure, <http://www.community languagesaustralia.org.au/MainPage.php>(2009.11.17)

に住んでいた9名の母親達が開設し、エスニック・スクール連盟の助言やサポートを得て、2004年にコミュニティ言語学校としてNSW州から認定された。調査時は約70名、4歳から高校3年生まで在籍しており、レベル別に8クラスある。インターナショナルクラスが一つあり、このクラスの10名は、日本語が全くできない子どもで、うち9名は日本のバックグラウンドは全くない。しかし、高校卒業資格試験（HSC, Higher School Certificate）の選択科目として日本語をとりたいと考えている。その他の60名は、家庭内で使われる日本語には何とかついていけるレベルであるが、国際結婚家庭で片親が日本語がわからない場合は、日常言語は英語が主であり、日本語のレベルは他の児童よりかなり低い。

　この学校では、言語学習だけでなく、運動会やこどもの日、ひな祭りなどの日本の行事も行っている。これらの活動によって日本文化の継承力を強めたいと考えられている。たとえば、オーストラリアの学校では、スポーツ大会は個人の力を競う場であるので、それとは異なる集団活動が中心となる日本式の運動会を行うことで、子ども達の集団行動力が養われることが期待されている。

　学校の運営は、州政府・連邦政府からの補助金によって保護者が行っているが、教育は州政府の規定に基づく資格に適合する教師が担っている[12]。教師には交通費程度を支払っているが、ほぼボランティアである。教科書は日本大使館・領事館を通じて文科省から配布されており、それを使っている先生や、独自に作成したテキストを使う先生など、さまざまである。

12　NSW州の規定としては、非営利団体でありNPOとして登録されていること、英語以外の言語を第一言語ないしは継承語として用いているコミュニティとの密接な関係があること、1箇所で30人以上の児童が登録していること（後に、20人に変更）、言語のバックグラウンドや性別に関係なく、幼稚園から12年生の誰もが参加できること、週に2時間以上、年間35週以上、対面教育のクラスを行うこと、教師は50時間以上の言語教授法のコースを国内か海外で修了しているか、または、10年以上の教育経験を有する、等の資格の保持、州で認定されたコミュニティ言語学校用のシラバスを使用すること、が決められている。

片道30分ぐらいかけて車で子どもの送迎を行っている親が多数で、Cさんは近隣に日本語学校がないため、1時間半もかけて送迎をしている。近隣に同年代の日本の子どもがいないため、この学校で、同年代の日本人の子どもと触れ合って他の子どもが使う言葉を覚えることや、学校の先生に対するていねいな言葉遣いを覚えて欲しいと考えている。低学年のクラスの親は、日本文化・音楽・行事などに触れさせたい人が多い。高学年のクラスの親は、もっと日本語の勉強をして欲しいと思っている人や、少し言葉に触れているだけでいいという人など、親の期待度はさまざまである。子ども達のクラスが終わるのを待っている間に、親同士の交流が盛んに行われており、情報交換やネットワークの場ともなっている。中学生になると子ども達はとても忙しいので日本語学校に来るのは難しくなるという。

② C校－中国語

中国系のコミュニティは古くから多数のコミュニティ言語学校（エスニック・スクール）を作ってきており、母語維持に熱心であると言われている。近年、中国の経済発展の影響で、公教育でも中国語を学ぶ学生が非常に増えてきているが、その大部分は中国系の子ども達であるという。一部の学校は大規模に行っているため、政府の補助金と親からの授業料で、非常に経営的に成功している学校もあるという。

C校はメルボルン郊外の公立小学校を借りて行われている。学校内に入ったところに、このコミュニティ言語学校の名前が大きく書かれており、存在感がある。生徒数は午前のクラスが約250人、午後のクラスが約130人である。12年生（高校3年生）までの子どもが来ており、3つのレベルに分けている。ほとんどの子ども達は、中国にルーツを持つが、そうでない子どもも来ている。（インド人、韓国人、カンボジア人など。）幼稚園の子どもが一番多く、11-12年生も多い。数年でやめる子どももかなりいるが、中国文化が楽しくてずっと来ているこどももいるという。この学校を案内してくれたW氏は、ベトナム出身の中国系ベトナム人であるが、中国語学校の代表を務めている。彼は中国文学に精通した人で、中国語学校の人たちからの信頼が厚く、国の

つながりではなく、中国語という「ことば」でつながっているということである。

　テキストは独自のものを作っているが、ビクトリア州政府のカリキュラムに従って授業を行っている。政府からは一人あたり120豪ドルの補助金が出ており、その中から保険代2豪ドル、エスニック・スクール連盟に2豪ドルを払う。親は授業料として年間150豪ドル支払う。

　クラスは3時間で、1時間半の授業のあと30分休憩し、また、1時間の授業を行う。4技能（読む・書く・聞く・話す）のすべてを混ぜて授業を行っており、授業はすべて中国語で行うことを基本としている。年2回テストを行い、その成績表を親に渡す。親に成績表を渡すことは、子供のモチベーションだけでなく、親の意識も高めると考えられている。先生達は、エスニック・コミュニティ連盟によって開催されるワークショップに参加して、子ども達にどのように勉強に興味を持たせるかの研修をしている。クラスの進め方は中国文化に則っており、クラスの最初の起立・礼など、教師に対するマナーなども学ばせる。中国文化をどのように教えているのかを尋ねると、校長は「言語を学ぶことはつまり文化を学ぶことで、言葉を教えるということは、多くの文化的なことを含めて教えるということです」と語った。

③　V校－ベトナム語

　ベトナム語のコミュニティ言語学校であるV校は南オーストラリア州にある。

ベトナム語教室の授業風景

　アデレードの都市部だけでベトナム語の学校は9校あり、100人以内のものから、1,000人以上を擁する学校まである。ある地区だけにベ

トナム人が集住しているわけではなく、かなり分散して住んでいるので、学校もあちこちに作られている。

　この学校は1980年に開設され、公立小学校を借りて授業が行われている。学生数570人で、先生は22人。学年別に分かれて授業を行っている。毎週土曜日の12：30から17：00頃まで開かれており、数学とベトナム語を教えている。親は年間30豪ドルを支払い、あとは政府からの助成金で運営されており、先生に対して給与は支払われていない。学習しているのはほぼ2世か3世のベトナム人の子ども達で、先生はほぼ1世であるが、2世の人もいる。T先生は難民としてオーストラリアに来たが、国では、サイゴン大学で化学を学び、高校で化学の教師をしていたという経歴がある。

　1世の先生たちの授業スタイルは、伝統的なベトナム式の教え方を踏襲しているようであるが、2世の若い先生のクラスでは、先生と子どもの距離感が近く、子供たちを楽しませながら教えるスタイルで、オーストラリアの学校でよく見られるクラスの雰囲気があった。

　教科書は、学年別に幼少部（4－5歳用）から6年生レベルまで8分冊が使われており、これはこの学校の先生達が2年かけて作成したものである[13]。内容はベトナム文化も含みながら、オーストラリアの子どもの関心に合わせるように考えられているという。

　子ども達は10年生（日本の高校1年に相当）ぐらいでやめることが多いという。つまり、高校卒業資格試験の科目としてベトナム語を選択するには至らない人が多いようである。

(3) コミュニティ言語学校の役割と課題

　以上の学校を訪問していると、学校に来ている子供たちは、これらの学校で同じルーツの仲間が集まり、休み時間には運動場で遊びに興じるなど、楽しんでいる雰囲気が見られた。しかし、子ども達は、週末に特別な勉強をするための時間を作らなければならないので、特に高学年になると、

13　政府からの補助金を得て作成されたもので、オーストラリアの言語教育シラバスにも合わせてある。

学校の他の勉強が忙しくなり、さらに、オーストラリアでは、スポーツや趣味の活動が重視されるので、子ども達にとって、土曜日に言語を学びに学校に行くことは大きな負担になって、やめるケースが多くなるようだ。

そして、公共交通機関に頼りにくい国なので、親が車で送迎しなければならず、それは親にとっての負担でもあるが、かなりの無理をしてでも、これらの学校に子供を行かせたいという親たちが多数いるということである。また、コミュニティ言語学校が親同士の情報交換やネットワークの場になっている。

今回の調査では、親たちから、少しでも母語や母文化に触れさせ、習得させたい、という気持ちが強くあることがしばしば語られた。しかし、話し言葉がある程度はできても、読み書き能力が十分でない子供たちが多く、読み書き能力を伸ばすための学習時間を確保し、子どものやる気を継続させることが課題となっている。また、これらのコミュニティ言語学校は文化の継承にも若干役だっているとしても、オーストラリアの学校で教育を受けている子ども達には、自分の現在の生活感とあまりに乖離していると、関心が薄れるため、オーストラリアの子どもの関心に合わせるように、授業のやり方や内容も工夫されている。そのような状況の中で、コミュニティ言語学校で、何を重視して運営していくか、多様な子ども達の意識と親のニーズにどう合わせていくのか、どの学校も難しい課題に直面している。

前述のとおり、国の言語政策としては、すべての子供たちに英語以外の言語を学ばせるという方針があり、それが母語である場合はそれらを習得することが言語資源の活用という側面からも効果が高いという功利的な発想が動機付けの中に強くある。そのような意識が学校や親達にも強まってきていると考えられるが、一方、現場では、やはり家族の絆としての母語の育成、文化の継承という動機付けが強く働いていると考えられる。

5．日本の母語教育状況との差異

オーストラリアと日本の状況には共通点も見られるが、日本と異なる点を以下にまとめる。

① 多文化主義に基づく言語政策の存在

　前述の通り、多文化主義を背景として国家の明確な言語政策が打ち出されてきており、それによって、各州政府が一般の学校での多言語の学習を推進する政策をとりいれるようになった。多くの一般学校（小学校、中高校）で、複数の言語のクラスが提供されており、日本語やフランス語のように、歴史的、対外的、経済的、文化的に重要視されるメジャーな言語以外に、たとえば、コミュニティにベトナムからの移民が多い場合はベトナム語が選択言語として教えられているケースも多い。アッシリア語やセルビア語など、話者があまり多くない言語もコミュニティ言語として選択言語の一つになっていることがある（松田2009）。

　オーストラリアの多文化主義政策では、エスニックコミュニティの固有の文化や言語を尊重しつつ、英語を国家言語と規定し、議会制民主主義や言論・宗教の自由、性差による差別の禁止など、国家の核となる共有文化を枠組みとするということを明示しており、各自の文化が尊重されるだけでなく、すべての人々が互いの文化を尊重し合うという相互関係を重視し、「統合的な多文化主義」を目指していると言えよう。すなわち、それぞれのエスニックコミュニティが完全に孤立した閉鎖的なコミュニティを作り上げていくことを極力避けようとしているのである。そこで、前述のとおり、コミュニティ言語学校も、理念としてはすべての人に門戸を開くべきとされている。実質的には、非常に少数派の言語の場合、その言語が家庭の言語として使われる状況がない子供達が学びに来ることは稀であると考えられるが、中国語やイタリア語、日本語のような言語の場合、母語ではない子供達が共に学ぶという状況が広く見られる。

② 国や州政府の支援体制の構築

　学校教育での多言語教育だけでなく、放課後や週末に行われているコミュニティの言語学校の育成についても、不十分ながら国と州政府の明確な支援体制が構築されつつある。特に、近年は、補助金の対象となる学校の条件として経験や資格のある教師による教育の実践を推

進したり、教師研修を強化したり、教材やシラバスの作成の補助をしたりするなど、教育の質を高めるための努力が為されている。

③　コミュニティ言語学校の連携組織によるネットワークの存在

　各州内のコミュニティ言語学校については、州毎の連合体があり、さらに、それらを結ぶ全国ネットワーク組織としての コミュニティ言語連盟 (Community Languages Australia) が存在し、全国の諸団体を統括する組織となっている。この組織が州の教育委員会等との連携や、連邦政府の教育省との連携を実現し、さまざまなニーズを伝えていくことを可能にしている。さらに、民間企業との連携やスポーツ組織との連携なども実現しつつある。また、これらの組織が、教育の質を高めるための研究の中核となり、言語を超えた多言語の教師達のコラボレーションが行われている。

④　母語学習の意義の認識

　オーストラリアの言語政策においては、多様な言語・文化を持った人々は国の資源であるという認識が表明されている。つまり、国家語である英語以外の言語の社会的価値が承認されているということである。多文化主義政策においても、人々の持つ多彩な言語能力を国の文化的・経済的豊かさに結びつけようとする考え方が見られる（松田2009）。ただ、母語学習を人権として意味付けるという考え方は、明示的な政策の中では弱いようである。

　また、言語は、親子や家族の絆であり、言語によって文化が継承されていくという認識が公的に共有されており、それが多文化主義政策によって正当化されている。オーストラリアのコミュニティ言語学校の先生達からは「多文化主義の国だから、母語・継承語を学ばせるのは当然のこと」といった語りがよく聞かれる。親達や子ども達の認識を確認することはできなかったが、多様な言語の一つ一つに固有の価値があり、家庭やコミュニティの絆を強めることの重要性の理解などを、親や子ども達に認識させる素地が形成されてきているのではないだろうか。

6. おわりに

　オーストラリアでは多文化主義政策が掲げられ、多言語の習得を推進する言語政策が策定されているとはいえ、現実には、非常に時間のかかる言語習得に対して、日常生活や専門職での使用に耐えるほどの言語習得に至るには、多大な困難があり、その効果について批判的な意見も強い。人々の心の中も、母語についての心情はさまざまである。そして、差別や偏見によって学校内でいじめが生じることも散見され、異なる言語背景を目立たせたくないと思う子ども達も少なからずいることも、日本と同様である。しかし、連邦政府・州政府による言語政策として、母語教育を支援すべきであるという方針が確立しており、多様な言語を話す人の存在や、母語を継承することは重要なのだという社会的価値観を少しずつ広げていく方向に進んでいることは確かである。そのため、親たちの間にも、英語と母語のバイリンガルに育てようという機運が高まり、それが不可能ではないという知識・情報が広がりつつある。

　複雑な課題は山積しているが、日本でも、政府が具体的な教育をサポートする姿勢を打ち出すと共に、母語育成を重視すべきという価値観が社会全体で共有され、高められていくことが、重要な第一歩であろう。

参考文献
浅川晃広（2006）.『オーストラリア移民政策論』中央公論事業出版.
松田陽子（2009）.『多文化社会オーストラリアの言語教育政策』ひつじ書房.
―― （2011）.「多言語資源の開発をめざすオーストラリア―移民コミュニティ言語に関する政策をめぐって」『商大論集』62-3, 兵庫県立大学., (pp.1-31).
Cardona, B., Noble, G., and DiBiase, B.(2008). *Community Languages Matter: Challenges and Opportunities Facing the Community Languages Program in New South Wales*, the University of Western Sydney Print Service.
Clyne, M.(1991). *Community Languages: The Australian Experience*, Cambridge: Cambridge University Press.
Dawkins, J.(1991). *Australia's Language: The Australian Language and Literacy Policy*. Department of Employment, Education and Training, Canberra: Australian Government Publishing Service.
Lo Bianco, J.(1987). *National Policy on Languages*. Commonwealth Department of

Education, Canberra: Australian Government Publishing Service.

MCEETYA (Ministerial Council on Education, Employment, Training and Youth Affairs) (2005). National Statement for Languages Education in Australian Schools, National Plan for Languages Education in Australian Schools 2005-2008.

Ozolins, U.(1993). *The Politics of Language in Australia*. Cambridge: Cambridge University Press.

第10章

カナダの母語資源育成のための教育実践

落合　知子・松田　陽子

1．はじめに[1]
(1) 研究の目的と背景

　本章ではカナダのオンタリオ州トロント市と周辺地域における多文化児童（多文化な背景を持つ移民児童）の母語学習を取り巻く教育政策と教育実践を概観し、家庭、学校、課外の母語クラスの連携活動が、いかに学習者の母語習得への動機を維持しているのかを明らかにする。そして、移民の子どもたちを含むすべての子どもたちと教員に、母語・母文化が「教育資源」としての機能を果たしていく過程を描くことを目指す。

　移民の子どもたちは学校に入学し、現地語による学習を開始すると、意識的になんらかの母語学習支援を行わない限り、その力は急速に失われていくという。しかし、移民大国、カナダでは多文化主義を国是とし、移民の母語を「言語資源」[2]とみなす考え方がある。そして母語を、国を豊かにする資源として、家庭やエスニックコミュニティに母語資源育成を奨励するだけでなく、公教育の場でも家庭やコミュニティと連携を取り、その育成に取り組んでいる。

　多文化児童への母語支援は日本ではいくつかの先進的な試みの事例があ

---

[1] 本章は落合・松田（2014）の一部を加筆・修正したものである。
[2] カミンズ・中島（2011）によると、「言語資源」ということばはカミンズが提唱し始めた概念である（p.19）。カミンズ・ダネシ（2005）は「言語資源はカナダの石油や森林と同じように間違いなく経済的資源なのである」（p.96）と述べ、移民の若者が外交やビジネスで活躍できるほどの継承語を維持した場合、言語研修に必要な莫大な国家予算が節約できるとした試算を紹介している。

るものの、まだ端緒についたところである。しかしグローバル化が進展し、国境を越えて生活する人々が増大する現代社会において、母語支援の持つ意義は、多文化児童と家族へのエンパワーメント、受け入れ社会への言語資源の提供など多層的で多岐に及ぶ。海外からの移民の母語を言語資源として評価し、多文化な国づくりに励むカナダの政策・実践は、現在200万人にも及ぶ外国人住民が暮らす日本において、外国人の持つ言語・文化資源を積極的に活用していくために、教育現場とそれをとりまく日本の社会に多くの示唆を与えるだろう。

　本章では、主として、2011年11月と2012年の9月に各1週間のトロント市と周辺地域の教育施設と教育関係者を対象に移民児童への教育について行った調査にもとづき、考察を行う。調査対象は、トロント教育委員会、トロントカソリック教育委員会傘下の国際語プログラムを行う3校の小学校、日本語を母語とする子どもを対象とした民間の母語教育機関「N学園」、トロント教育委員会ESL部門、ニューカマー比率の高い公立小学校2校、および、J. Cummins博士（トロント大学）、R. Chumak 博士（ライアソン大学）、Don Valley Early Years CenterのV. Raymundo 氏、等である。

2．カナダの言語状況

　2011年度の国勢調査によると、カナダ国内には200以上の言語が「初めて習い、今でも使える」母語として存在し、国民の20.6%にあたる680万人が公用語である英仏両語以外の移民言語を「母語」として報告している。しかし、英仏両語以外を母語とする人々の6割以上が家庭では主に英語を使用し、母語のみを家庭で使用するケースは英仏両語以外を母語とする人々の6.2%と比較的少ない。

　対照的にカナダの全人口の17.5%にあたる580万人が2つ以上の言語を家庭で使用しており、そのうち英語と英仏語以外の言語を使用するバイリンガル家庭で生活する人々は380万人と、全人口の11.5%となり、近年増加が著しい。2001年の国勢調査から2006年の国勢調査の間では、家庭で英語と母語を併用している人口は41万人増加し、2006年から今回の2011年の国勢調査の間には96万人増加している（Government of Canada 2013）。

このように英語と母語の複数言語を家庭で併用する人々の増加の背景には諸要因が考えられるが、移民への第二言語としての英語（ESL：English as a Second Language、以後ESLと記載）支援とともに母語をも育む教育政策・教育実践の影響もあるのではないかと推察される。

オンタリオ州の州都トロントはカナダの中でも特に移民が集中し、母語の多様性は顕著である。トロントの人口の30％を超える180万人の人々が英仏語以外の言語を家庭で使用し（Government of Canada 2013）、学齢期の子どもの75％[3]にあたる26.5万人がESL支援を受ける英語学習者である（中島 2010, p.76）。

3．母語学習の意義と難しさ

オンタリオ教育省は「母語プログラム」を学校教育に位置づける根拠として下記の点を挙げている。
- 児童・生徒自身の出自および母文化に対する認識を深める。
- 両親や祖父母とのコミュニケーションの質を高める。
- カナダの中で母語を使える人材を育成する。
- 児童・生徒がすでに身につけている技術や概念を生かす場を与える。
- 高校での単位取得科目として履修する際、母語の学習経験が貴重な基礎となる。
- カナダの多文化社会や国際社会で活躍できるように、すべての児童・生徒に新しい言語を学ぶことを奨励する。（カミンズ・ダネシ 2005）

すなわち、政府の施策として母語を学ぶことを推進することは、児童・生徒本人や家庭・コミュニティ、そしてカナダ社会全体にとって意義のあることと位置付けられているのである。

しかしながら、母語習得の意義が検証され、理解が進んでもなお、現地語が優勢な社会において、マイノリティの母語を維持することは、また同

---

3 トロント市内に限定すると75％という高率の子どもがESL支援を受けているが、GTA（グレータートロントエリア）と呼ばれるトロントを中心としたミソソガ州やヨーク州などを含めた大都市圏での統計ではELL（英語学習者）の学齢期の子どもの割合は40％という数字が報告されている（Botelho et al. 2010）

時に課題の伴うことでもある。母語習得の課題として中島 (2003) は、①マイナスの価値付け、②親のチョイスの押しつけ、③課外学習であること、④アンバランスな語学力、⑤認知面の遅れ、⑥世代その他によって異なる教育内容、の6つを挙げている。これらの課題を、筆者は「動機付けの難しさ」と「学習者の多様性」の2点に収斂して考えたい。これら2つの課題はカナダでの調査中もしばしば関係者から語られたものでもあった。以下ではこの2つの課題のうち、教育実践、教育政策によって改善が可能な「動機付け」に焦点を当て、カナダでの母語学習への動機付けの特徴について論考を進める。

4．母語学習の動機づけをめぐって

そもそも言語学習の動機 (Motivation) とは何か。その定義として中田 (1999) はGardner (1985) の「言語学習におけるゴールを達成しようとする努力と、学習言語に対する好意的態度」と説明している。また、Gardner (同上) は、言語習得の志向には＜道具的志向＞と＜統合的志向＞という二つの側面があるという。＜道具的志向＞とは就職や大学入学を有利にするため、などの実用的な言語習得の理由であり、＜統合的志向＞とは目標言語を習得することによって、目標言語話者の集団や文化のメンバーの一員として認知され、一体感を持ちたい、という言語学習の動機である。

教育現場での第二言語の学習動機付けを具体化したDornyeiらは学習動機付けの構成要素を①「統合的な動機付け」、②「言語的な自信」、③「教室環境への評価」と整理し、中でも統合的な動機付けは道具的な志向をも含む多くの志向と結びついていることを明らかにした (守谷2002)。

一般的に言語学習の「統合的動機付け」を語る際、目標言語が使われているコミュニティへの参加、一体感を求める志向と捉えられがちである。例えば祖父母と母語で語り合い、親族のメンバーとして一体感を持ちたい、などの例が考えられる。しかし筆者らはトロントの教育政策、教育実践を観察するなかで、母語学習者である子どもたちが母語や母文化を身につけることで家族や祖国の祖父母・親戚との一体感を得るという統合的な動機とともに、母語や母文化を公立学校の一般の教室で紹介できることが

「多文化を称揚する学校文化のメンバーとしてふさわしい行い」と評価されているいくつかの事例に出会った。トロントで母語の運用能力を持ち、母文化に造詣が深いということは、家族やエスニックコミュニティに対する統合の欲求だけではなく、「多くの生徒が母語・母文化を持ち、それを価値あることとする学校文化」に所属する一員としての統合的動機を母語学習者に与えているのではないか。そこで、トロントにおける「多文化を称揚する学校文化」形成を目指す教育政策、教育実践の考察を、筆者らの調査に基づき、進めていく。

5．トロントにおける母語教育
(1) 公教育の中で行われる母語教育

カナダは人口3,300万人の10州3準州からなる連邦国家で、教育に関する権限は各州の教育省に委ねられ、カナダの連邦政府には教育省は存在せず、州によりその教育政策は大きく異なる。オンタリオ州の学校区分は2年間の就学前教育、8年の小中学校と4年間の高校とその後の大学等の専門教育からなる。

オンタリオ州の母語教育プログラムは「継承語教育プログラム」として1977年にスタートし、1990年代初頭に「国際語プログラム」と名前を変え、2013年には、トロント教育委員会（Toronto District School Board）のもとでは、55言語537クラスで3万人以上の子どもたちが参加し、同じくオンタリオ州教育省の支援を受けているトロントカソリック教育委員会（Toronto District Catholic School Board）のもとでは、22言語117クラスが展開されている。

これらのオンタリオ州の支援を受けた公教育の枠組みの中での小・中学校レベルの国際語プログラムは、放課後もしくは土曜日に開催され、週2時間半、年間80時間の学習時間が確保されている。いずれの教室も23名の同言語の学習希望者があれば教育委員会より1名分の講師の給与と、各校に1～2名のコーデイネーターの人件費、校舎の使用許可と補助教材の現物支給、そして教育委員会主催の講師研修などの支援が行われ、国際語プログラムが営まれる。家庭の負担は年間20ドルの登録料のみである場

合が多い。

　小中学校レベルの初等教育（幼、1 - 8年生）において行われている国際語クラスは課外授業として位置づけられ、教育委員会の担当部署も「生涯学習課」となっている。しかし、中等教育（高校）段階では、正課授業内に「国際語」として設定されており、高校卒業単位として認められている。そのことも幼稚園・小中学校から高校までを通じての「国際語」学習の継続のモチベーションとなっていると考えられる。

　国際語プログラムではその言語を母語としない児童も参加することが許されているが、現場でコーディネイトにあたっている教員によると、参加児童は少数の例外を除いて、その言語を母語とする子どもたちであるという。

　こうしたプログラムが公教育内に位置づけられていることは、その学習の存在やその必要性が公的に可視化されていると言えよう。また高校では卒業認定単位ともなることから、優秀な成績を修めれば、進学や就職にもプラスに作用することが予想され、「道具的な学習動機」を学習者に与えている。

(2) 　**民間教育団体による母語教育**

　前節で述べたオンタリオ州の支援する公教育における母語プログラム以外に、民族団体や親の有志が設立した民間の週末に開催される母語の補習教室も多数存在する。こうした週末の民間の母語教室の中の一つとして、筆者らが見学した日本語補習校「N学園」は、毎週土曜日の午前中2時間半、日本政府より光村出版の国語教科書の支給を受け、カナダの公立学校の校舎を借り、4歳から16歳までの子どもたち約200名が22クラスに分かれて学んでいた。オンタリオ州政府支援の国際語学習クラスより高度な学習内容になっているということであった。

　N学園に参加する子どもは土曜日の授業に加え、1週間分の宿題を与えられる。子どもが授業を受けている間、クラスごとに当番の保護者が1週間分の宿題をコピーし、各学習者に配布する。また移動式の日本語の本の書棚があり、子どもたちは毎週ここで日本語の本や漫画、ビデオなどを借

りて、家で日本語に触れる機会を確保している。

　子どもたちが授業を受けている間、日本人の保護者同士は日本語での会話・情報交換を楽しんでいるようだった。また非日本語話者の保護者には大人のための日本語クラスも用意されている。ある保護者は子どもたちがN学園に参加する意義について「ここでは子どもは友達に会え、親も横のつながりができ、話を聞いてもらえる」など、親・子が共にカナダで暮らす日本人の仲間やネットワークができることを挙げていた。また、別の保護者は「日本語を大事にするのはここがカナダだから。イタリア人や中国人やいろんな子がいる中で自分が日本人だと証明するのは言語ができるということ。昔は学校では日本語を使うなと言われたというけれど、今は学校から日本文化を紹介してくれというリクエストを受ける。保護者も学校に招かれ、国旗を紹介したり、日本人はクリスマスを祝うのかと質問されたり。子どもたちもここ（N学園）で仕入れた知識を学校でかっこよく発表しているよう。それを嫌がりアイデンティティを捨てるというチョイスはここでは考えにくい」という。このように、週日の学校の通常クラスで日本語や日本文化について紹介する機会が日常的に与えられることが土曜日のN学園での日本語・日本文化への学習動機につながっていることが語られた。日本文化を持ち、それを通常クラスで適切に紹介することが、トロントの学校文化では「かっこいい」行いとして認知されていることが窺える。

6．学校教育でのニューカマー（新規移民児童）受入れのための支援

　本節では特にニューカマーとしてカナダにやってきた子どもたちを教育現場はいかに受け入れているのかを概観する。

(1)　Newcomer Reception Center（ニューカマー受け入れセンター）

　オンタリオ州にやってきたニューカマーの子どもは、初等部（就学前クラス・小・中学校）（4－14歳）は、地域の公立学校が直接受け入れ、中等部（高校）（15－18歳）は、学校入学時にトロント教育委員会のESL（English as a Second Language）部門に設置された Newcomer Reception Center

(ニューカマー受け入れセンター)による学力アセスメントを受ける。それまで母国でどのような教育を受けてきたか、未知の概念を把握する能力、そして算数のテストや、言語能力がチェックされる。言語能力は英語の「読み・書き・話す・聞く」力だけでなく、母語の能力も評価される[4]。これは将来の言語能力の伸びる可能性の判断材料とされ、母語の言語能力がカナダで習得すべき英語能力や学習能力の発達に関与すると考えられているためである。1人の生徒につき、午前中に2時間、言語能力のアセスメント、午後に2時間、算数のアセスメントというようにじっくり時間をかけ、その子どもの能力、支援の必要性を見極める。またそうした子どもの受入れ後も、Newcomer Reception Center のスタッフは各校を回りESL担当教員と面談をし、英語学習に進歩が見られない場合、また先生から見て学力が学年の平均より劣っている場合、言語能力と算数能力のアセスメントを、時には子どもの母語で行い、何が学習のつまずきになっているか探り、ESL教育でのきめの細かい対応へと結び付けられる。

(2) ESL（第二言語としての英語教育）

次に、英語学習者の子どもたちへの支援を概観する。ESLとしての英語学習者の中には、移民等として新たにカナダに到着した子ども達の他、カナダ生まれであっても両親が英語以外の言語を話すために英語習得が十分でない子ども達や、カナダ英語とは異なる英語を使って生活や学習をしてきた子ども達の中で、アセスメントによって英語学習が必要と判断された子ども達も含まれる。政府から公的に ESL 指導が行われるのは入国後4年目までだが[5]、必要に応じて支援は継続される。

ESL をめぐる近年の教育観として、英語は母語を消し去ることによって習得するのではなく、母語の力に付け加えて学習するものという視点が

---

[4] どの言葉であれ、教育委員会のスタッフやボランティア、関係者まで探せばその言葉を話せる人材がいるので、当該の子どもと同じ母語を持つバイリンガルスタッフがアセスメントに同行する。

[5] 中島（2010）によると、1年目は一人当たりC$3,300、2年目C$2,400, 3年目C$1,600, 4年目C$800、5年目以降の子どもには予算は全くつかないということである。(p.77)

注目される。両親が異なる言語を話す家庭も多く、英語は家庭の言語をもとにして、そこに付け加えて習得していくものとして、'EAL: English as an Additional Language（付加語としての英語）' という用語も散見される。ESL 教育関係の教師用の文書やテキストでも、英語教育は母語を消し去るものではなく、学習者の母語・母文化を尊重したうえで付加的に獲得されるべきというメッセージが発信されている。

たとえば、オンタリオ州教育省の発刊した ESL 指導者や教師のためのハンドブック（"Supporting English Language Learners: A practical guide for Ontario Educators, Grades 1 - 8)（2008）では、「バイリンガルが有利であることを理解する」という項目で、「英語学習者が母語である第一言語を使い続け、発達させることを推進することによって、数えきれないほど肯定的な結果が生じる。第一言語（母語）を尊重し、使用させることは、学習者に自信を持たせ、付加される言語である英語を効率的に学習することや、学校での学習に大いに役立つものである。」と説明されている。

その他さまざまな文書で、母語によって得た知識（言語的、認知的）を活用して英語を習得させていくこと、母語を維持することが価値あることという社会的認知を子ども達にも伝えることの必要性、そして、二言語を育成することによって学習能力や知的能力（認知力）も強まり、長期的には学習全体にもよい効果があることが強調されている。

(3) 学校・クラスの雰囲気づくり

オンタリオ州教育省が教員向けに発刊した小冊子「Many Roots Many Voices（学校における英語学習者支援のための実践ガイド）」(2005) には学校全体や各クラスでのニューカマーである英語学習者を受け入れる際の心構えや具体的な方法がわかりやすく示されている。

学校全体としてはまずニューカマーを歓迎している学校だということを示すべきことと、下記のような具体的なニューカマー受入れの手続きをリストアップしている。

- ニューカマーを受け入れるための特別なプロセスを確立させ、受入れ担当チームを形成する。

- 多言語の Welcome サインボードを学校に掲げる。
- 生徒親子の最初の学校訪問時には通訳を呼び、学校用語（教室、修学旅行、授業登録などに関すること）を時間をかけて説明し、英語能力に関わらずニューカマーの子どもと両親になじみやすくする。
- 緊急連絡時のために同じ母語と英語の両方が話せる友達などを見つけておく。
- 両親には校長名や学校電話番号、学校行事や1日の流れなどの基礎情報を伝え、例えば大人向けのESLクラスなど、地域の支援情報などを伝える。
- 両親とよい関係を確立し、学校に関心を向け続けてもらう。

これらの文面からは、学校が一丸となって、子どもだけでなく両親をも巻き込みながら、子どものより良い教育環境の創造を目指すべきことを志向していることが伺われる。

筆者らが訪問したニューカマー児童の多い小学校でも、玄関正面に様々な民族の重要な年中行事を紹介する写真パネルがあり、学校のいたるところに教育委員会が作成した「Welcome first language, Celebrate differences（母語を歓迎し、違いを大切にしよう）」等のキャッチフレーズが記されたポスターが掲示されていた。

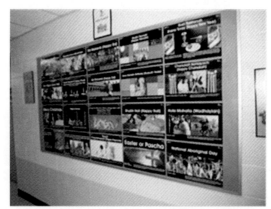

B校のエスニックグループ祝祭紹介パネル

B校の多言語「ようこそ」ポスター

　また、上述のガイドブックでは、クラスにおけるニューカマー受入れに関しても様々な教育実践が紹介されており、さらに教員向けに、英語学習者とはどういう存在か、彼らにとっての母語はいかに重要で、クラス全体の教育資源としてどう活用していったらいいか、等の基本情報が紹介されている。

　ニューカマーを受け入れるための教育実践としては、クラスの掲示物を多言語化したり、まだ英語能力が十分ではないニューカマー児童にはサポーターとして同じ母語が話せる同級生や高校生ボランティア[6]などとペアを組ませ、英語によるクラス発表前に母語でディスカッションすることを奨励している。あるいは自分の祖国を旅行する人への紹介・宣伝文を英語と母語の2言語で作成する宿題を提案したり、算数の表やグラフ、統計の学習でも、クラスのメンバーの使用する言語の種類と数をグラフにして説明資料にする、などの実践例が紹介されている。

　このように日常的に英語以外の母語をクラスに持ち込み、多くの子どもが異なる母語を持っているという共通理解の上で、母語・母文化を素材とした学習内容に取り組むことで、子どもたちの持つ多文化な背景を学習の

6　高校生にとって年間40時間のボランティア活動が中等教育の卒業要件なので、小学校や国際語クラスに高校生ボランティアが参加し、日常的に仕事を担っている。

資源とし、クラス全体の母語・母文化への認識を高めていることが伺える。また英語力が十分でないニューカマーの子どもたちも母語能力を発揮し、クラスに貢献する機会を得ることで、自分の「できること」を自覚し、周囲の教師や友人にもそれを示すことができ、自己効力感や自信を得る場面ともなっている。

7．家庭・コミュニティにおける母語教育支援
(1) 就園前の子どもたちへの母語教育の勧め

オンタリオ州には Early Years Center（幼児センター）もしくは Parenting and Family Literacy Center（幼児のための家族支援センター）と呼ばれる就園・就学前の０～６歳の乳幼児とその保護者を対象とした育児支援施設がある。そこでは毎日午前と午後にそれぞれ２時間ほどのプログラム（絵本の読み聞かせ、数字の楽しみ、手遊び・わらべ歌など子どもの言語能力を促進しながら行う遊びの紹介）を提供している。トロントではこうした就学前、就園前の準備教育が就学後の学業的成功のために非常に重要視されており、学校や図書館など子どもの集まる施設には遊びや歌、絵本を通じた読み書きへの準備教育を奨励するポスターが掲げられているのを何度か目にした。

Early Years Center のレイモンド（Reymundo）氏は、幼少期の母語学習支援について、以下のように述べている。

> 移民としてやってきた両親は子どもが英語を習得するために母語の使用が障害になると考え、母語の使用を差し控える必要性があるのではないかと考えてしまいがちである。しかし カミンズ（Cummins）などの学術的研究成果から母語学習の重要性、すなわち、母語学習は言語能力と認知能力を高め、多言語習得能力を備えさせ、豊かな言語経験は脳の発達を促すこと等が明らかになっている。そうした母語の重要性を両親に理解してもらうことを目指し、Early Years Center では情報を発信している。
>
> また具体的な母語学習支援として、食卓で、遊びで、お風呂で、服を着る時等、すべての生活の中で母語によって子どもに語りかけ、１日

少なくとも20分の母語での絵本の読み聞かせを奨励している。母語を使用した音楽やテレビを見る機会を持ち、同国人の集まりや宗教儀式にできるだけ家族で出席し、学齢期になれば「国際語クラス」に登録することや、可能ならば里帰りの機会を持ち、祖国で文化や言語に触れる機会を増やすことも、子どもの成長のために勧めている。(筆者訳、一部要約)(Reymundo 2013)

　チューマック(R. Chumak)博士は移民の家庭向けに、母語の重要性や母語保持のために家庭で出来ることをチラシや資料にまとめ、インターネットや関係施設を通じて配布を行っている。英語習得のために母語の使用を差し控えるべきという思いこみを正し、母語の重要性とその習得のための努力に対する共通理解を形成することから母語の保持へとつなげていこうとしている。(http://mylanguage.ca/参照)

(2) 公立図書館

　トロント市内にあるトロント公立図書館では近隣住民のエスニック人口比に応じて多言語図書を配架しており、現在68言語の書籍が利用可能で、図書館のホームページサイトから、どの言語の書籍がどの地区の図書館に存在するか検索できるようになっている。筆者らが訪問調査を行ったトロント公立図書館の一つである Lillian H. Smith 分館では1階の開架書棚はすべて絵本と児童書であり、2階の開架書棚も大人向けのものは3分の1で、残りは若者向けの本とその地域に多く住む中国語とベトナム語の多言語書籍スペースであった。公立図書館は母語に触れたい子どもや、家庭や学校で読み聞かせなどによって子どもたちに母語を触れさせたい親や教師へのリソース提供を行っている。

8．母語学習の動機づけに関わる教育実践－家庭・学校の連携を中心に

　チューマック(Chumak)博士は、母語を習得するためには母語教室だけでは不十分で、家庭と学校の「平常クラス」、そして課外で行われる「国際語クラス」の3点の連携があって初めて可能になることを強調している。

すなわち、課外の「国際語クラス」では母語を学ぶ時間と機会を確保する。家庭ではその言語を使い、絵本を読み、同じ言語の子どもとプレイグループを作るなど、日常生活で母語を学び、使う機会を持つ。学校では担任が子どもたちの国際語クラスや家庭で蓄積する母語をめぐる経験を、興味を持って聞き、平常クラスの友達と知識を共有し、母語の価値への認識をクラス全体で高める努力が必要である。

　カミンズ博士らを中心に小学校で行われている「アイデンティティ・テキスト」の取り組みは、母語と英語（または主流社会の教育言語）の二言語で自分の考えや祖国のことなどを物語として表現することを通して学習するという一つのバイリンガル学習実践法である。作成する過程で、クラスの英語の強い友達・母語の強い友達との助け合い、母語を共有する家族やコミュニティの支援、先生の支援などを得て、絵や写真なども使いながら作品を作る。それを多くの人の前やインターネットで発表することで、自信をつけ、周囲との絆を強め、またクラスの仲間の異文化への理解を深める、といった取り組みである。これは教室内・家庭・地域・祖国等、多様なネットワークとの連携による学習効果を目指すものとも言える。(Cummins and Early 2011, 中島 2010)

　また、学校は移民児童の保護者に様々な支援をしているが、同時に保護者の持つ言語資源が学校の活動をより豊かにする例も多数観察された。例えばトロント市の公立小学校では政府支援の成人ニューカマー向けの ESL クラスが設置されている。そこで ESL の講義を受講している成人学習者の8割がその学校に子どもを通わせている保護者である。彼らは午前中の2時間半の ESL のクラスを受講したのち、1時間のランチタイムをはさみ、午後の2時間半を学校でボランティアとして活動する。ボランティアの内容は母語を同じくする新来の保護者や子どもの通訳などの言語的なサポートや、図書館での翻訳作業だという。また、日本人家族の場合、英語が十分でない親も幼稚園のクラスで折り紙等の母国の遊びを教えたりするという。学校はニューカマー保護者に居場所と ESL 支援を提供し、保護者はそれぞれの持つ母語・母文化にまつわるスキルを学校に提供し、学校の言語資源を豊かにしていることが伺える。

こうした学校活動に、移民の保護者が母語能力を持ち、母文化に造詣が深い人材として積極的に参画することは、学校に多様な母語がもたらされると同時に、移民の子どもたちと保護者に自分たちが持つ母語・母文化が学校教育の場で役立つものであることを認識させる。こうした母語・母文化資源を介した学校と家庭の連携は移民の保護者と子どもに母語を学習する動機を与えていると考えられる。この場合の母語学習の動機とは、多文化を称揚する学校の一員への統合的動機であると考えられる。

9．おわりに

　本章では、トロントにおける母語学習支援体制を概観し、母語を言語資源と考える立場から、特に、母語学習の「統合的動機付け」に焦点を当て、どのような方策や教育実践がなされているかを論じた。最後に「言語資源」という概念を再考したうえで、多文化であることを称揚する学校という集団への「統合的動機」の側面についてまとめておきたい。

① 「言語資源」としての母語

　　母語を「言語資源」として把握するのは、言語が就職の選択肢を広げたり、経済活動に活用することができたり、さらに国家にとって、そのような言語力のある人材を確保することができるといった経済的価値を持つという意味も包含するが、それだけではない。

　　母語は、個人にとって、言語能力の開発による知的発達のみならず、多様な生き方、考え方、他者や世界とつながる方略の幅を広げるための資源になり得る。このような幅広い視点や能力を持った人材として、多文化な子ども達や、彼らと接する教師や同級生が成長していくことが、多様な文化を包含する社会の変革にもつながっていくと考えられる。さらに、前述のとおり、学校教育の中で、ニューカマーの子ども達の持つ母語能力や母文化は、それらをうまく取り込めば、英語とカナダ文化しか知らない子ども達にとって、国際理解教育や地理教育など、世界や社会への認識に関わる学習内容をも豊かにする教育資源にもなり得る。英語学習者というカテゴリーに入る子ども達を、英語ができない、学習に問題のある子どもと考えるのではなく、アプロー

チを工夫することによって、彼らの持つ能力を引き出し、彼らを含むすべての子ども達への教育資源とする方策を考えることもまた重要であり、そのためには、教師の教育観の変革（パラダイム・シフト）やカリキュラムの改編が必要である。

② 母語学習の「統合的動機」について―多文化な学校への統合意識

母語学習の動機の中核について、Schecter & Cummins（2003）は、自分の文化が重要と認知されているという気持ち（respect and affirmation）であると指摘している。母語が学校で必要とされておらず、先生も他の友人も、その言語に何の関心も持っていなかったり、異なる言語話者であることが否定的に認識される環境の中では、母語を育成することは非常に困難であると考えられる。道具的動機によって、言語学習が何かの役に立つという意識のみで学び続けることもあり得るが、統合的動機も伴わなければ、困難な学習環境になると諦めてしまうケースが多くなる。

母語を学ぶことが、家族や仲間との言語や文化の共有だけでなく、「多文化を称揚する学校文化に自己を統合する」という動機が働いている場合、統合的動機はさらに強くなることが想定される。学校の中で、力を持つのが英語だけである場合、英語学習者であるニューカマーの子ども達は、周縁のマイノリティの立場に置かれる。それは学校の外の社会の現実が映し出されている。そのような環境では母語の学習動機は弱体化する。逆に、学校文化が、英語話者だけでなく、多様な言語や文化を持つことが対等に価値のあることとして称揚され、マイノリティの子ども達がマジョリティの子ども達と対等な存在として学習に参画することができれば、自分の持つ言語・文化資源を育成することで、学校の集団に平等な立場での統合をめざそうという動機が強まると考えられる。そして、学校文化に止まらず、多文化社会として形成されているトロント市民、ひいては、カナダ国民としての統合を社会が承認しているという意識の形成にもつながっていくと考えられる。つまり、母語の学習動機は閉じられた母語教室の中や家庭だけで起きるのではなく、学校全体、家庭、コミュニティ、社会全体のつなが

りの中で形成されていくと考えられる。

　カナダの中でも地域による状況や意識差が大きく、トロントでも母語教育に政府がどこまで関与するかについては、1970年代後半から長年にわたって論議されてきている。移民の母語教育プログラムに対して、社会を分断化するのではないか、コストがかかり過ぎるうえ、移民の英語の習得を阻害するのではないかという危惧を示す意見が強かったという（カミンズ・ダネシ 2005, pp.7-14）。しかし、現在では、母語プログラムは国際語プログラムとしてすべての子どもに開かれ、教育委員会の支援体制も整備されてきた。エスニック間の大きな摩擦やトラブルが顕在化することなく、多文化社会として発展していることは、多様な移民を受け入れていくためのさまざまな、きめ細かな方策が考えられてきた結果である。カミンズ博士によると、長い年月をかけて、コミュニティの力、教師や研究者の力、そして、それによる政府の方針の変化によって、マイノリティの母語・母文化を重視する方向に徐々に舵をとりながら、少しずつ変容してきているという。

　重要なことは、多文化社会として目指すところを明確にし、家庭、コミュニティ、学校が連携し、社会全体の意識を醸成し、ボトムアップ（コミュニティから学校、そして行政へ）とトップダウン（行政から学校、コミュニティへ）の取り組みを同時に行っていくことであろう。

参考文献

落合知子・松田陽子（2014）.「カナダの継承語資源育成のための教育実践に関する研究」,『人文論集』49, 兵庫県立大学, (pp.101-126).

カミンズ , J. & ダネシ , M.（中島 和子、高垣 俊之訳）（2005）.『カナダの継承語教育』明石書店 .

カミンズ , J. & 中島和子（2011）.『言語マイノリティを支える教育』慶応義塾大学出版会 .

中島和子（2003）「JHL の枠組みと課題 − JSL/JFL とどう違うか−」『第 1 回母語・継承語・バイリンガル教育（MHB）研究会議事録』 http://www.mhb.jp/2003/08/（2010.2.14 On-line）.

中島和子（2010）.『マルチリンガル教育への招待 − 言語資源としての外国人・日本人年少者』ひつじ書房 .

中田賀之（1999）.『言語学習モティベーション－理論と実践－』リーベル出版.
守谷智美（2002）.「第二言語教育における動機づけの研究動向：第二言語としての日本語の動機づけ研究を焦点として」『言語文化と日本語教育．増刊特集号，第二言語習得・教育の研究最前線』第2002号，日本言語文化学研究会，(pp.315–329).

Botelho, M.J., Cohen, S.L., Leoni, L., Chow, P.& Satri, P.（2010）. Respecting Children's Cultural and Linguistic Knowledge: The Pedagogical Possibilities and Challenges of Multiliteracies in Schools. Dantas M. L.& Manyak P. C.(eds), *Home-School Connections in a Multicultural Society: Learning from and with Culturally and Linguistically Diverse Families*, pp.237-256, Routledge.
Cummins, J. and M. Early (eds.)（2011）. *Identity Texts: The Collaborative Creation of Power in Multilingual School*, Sterling, USA: Trentham Books.
Gardner, R.C.（1985）. *Social Psychology and Second Language Learning: The Role of Attitudes and Motivation*, London: Edward Arnold.
Government of Canada(2013). Linguistic Characteristics of Canadians, Statistics Canada http://www12.statcan.gc.ca/census-recensement/2011/as-sa/98-314-x/98-314-x2011001-eng.cfm（2013．9．17 On Line）.
Ontario Ministry of Education（2005）. *Many Roots Many Voices—Supporting English Language Learners in Every Classroom: A Practical Guide for Ontario Educator*. Queens Printer for Ontario.
――――（2008）. *Supporting English Language Learners: A Practical Guide for Ontario Educators, Grades 1-8*. Queens Printer for Ontario.
Reymundo, V. M.（2013）. Raising your Child while Holding onto your Home Language: Supporting Immigrant Families in Toronto, Ontario, Canada. *Educational Studies*, Vol. 55, pp.173-177, International Christian University.
Schecter, S and J. Cummins (eds.)（2003）. *Multilingual Education in Practice: Using diversity as a resource*. Portsmouth, NH: Heinemann.

第11章

座談会：「母語学習支援ーこれまでの活動から見えてきたこと、これからの課題」[1]

＜参加者＞
関西母語支援研究会メンバー：
　乾美紀、落合知子、久保田真弓、野津隆志、松田陽子（進行）
ゲスト：（所属は2016年3月時点。プロフィールは巻末参照）
　金信鏞（神戸コリア教育文化センター）
　鈴木庸子（国際基督教大学）
　友沢昭江（桃山学院大学）
　吉富志津代（ワールドキッズコミュニティ）

松田：今日は母語学習支援についての座談会ということで、関心のある研究者や実践者にお集まりいただきました。これまでずっとされてきたことを振り返り、これから何をしなければならないかを一緒に考えようと企画させていただきました。

　私と乾、落合、久保田、野津の5名は、関西母語支援研究会を作り、過去9年間、科研費で研究して参りました。そして、これまで一緒に関連の研究や活動をさせていただいた4名のゲストの方々にもご参加いただきました。みなさんそれぞれにいろいろな想いがあり、焦点を当てておられることも少し異なりますが、問題を少し整理して、私たちが次にどのような方向で何に力を向けようかということを考える機会にしたいと思います。

1　本章は、2016年3月15日に神戸で行った座談会の録音からの抜粋を一部加筆、修正したものである。

最初に自己紹介と、なぜ母語に関わり始めたかというきっかけを手短にお話しいただけるでしょうか。

久保田：関西大学総合情報学部の教員です。異文化コミュニケーションやICT（Information and Communication Technology）と新しい教育について教えています。

野津：兵庫県立大学の教員です。もともと東南アジアのタイの国の教育をやっていたのですが、NGO・NPOと教育の関わりということで、多文化教育に関心を持つようになりました。

乾：兵庫県立大学の環境人間学部の教員です。私が母語に関心を持ったのは、「こうべ子どもにこにこ会」というところで2006年ぐらいからボランティアをしてからです。今は運営委員です。母語ができていない子は学習の言語がわかりにくいとか、コンセプトがわかりにくいと、教えながら実感しました。それで、母語教育に関わるようになりました。

落合：神戸大学で研究をしています。また、神戸市立のS小学校で学習支援員と放課後のベトナム語の母語教室の運営をお手伝いしています。この学校で母語の問題に出会い、母語教室のあるところは、子どもたちの様子が全然違うということに、その時気付きました。

鈴木：東京の国際基督教大学で、留学生に日本語を教えています。母語との出会いですが、インタビューによって子どもの会話力を測定するOBCというアセスメントをトロント大学の中島和子先生を中心とした先生たちが開発しました。そのワークショップを2009年ごろから始めていて、私は事務局でお手伝いをしていました。OBCのアセスメントの中に、子どもの言語は現地の言葉と母語とが車の両輪のように発達することが大切だという理念が含まれていて、母語と出会ったのはそのワークショップだと思います。

【注】OBC：Oral Proficiency Assessment for Bilingual Childrenの略。カナダで開発された多言語環境で育つ子どものための会話力評価法

吉富：今は（2016年3月まで）大阪大学のグローバルコラボレーションセンターの教員です。神戸市長田区で阪神淡路大震災以降ずっと多言語のコミュニティラジオ局FMわぃわぃとか、翻訳通訳センターの多言語センターFACILとか、子どもたちをサポートするワールドキッズコミュニティとかを主宰して現在に至っています。もともと、ラテンアメリカ系の領事館の仕事をしていたのですが、いろいろな相談を持ち込まれる中で、子どもたちの相談が大変多くて、それで母語のことに触れ始めました。学校の教育現場は子どものアイデンティティの問題や、制度の問題やいろいろなことがあるのだけども、物凄く言語のことが基礎になっているのではないかと思い始めて、ずっと子どもたちの言語形成を何とかしなければだめなのかなという気がしていて、2001年に母語に関する現場のレポートのようなものを他の人と一緒に出版したころから母語にずっと関わり始めました。

友沢：桃山学院大学の教員をしています。大学では日本語教師養成課程を担当しています。これまで日本語教育の世界は、高校または大学まで母語でしっかり学力を形成して、それから日本語を専門的に集中して勉強して留学するという人をターゲットにしてきました。それで、留学生ではなく、足元にいる外国人はどうなのだろうというのをずっと考えていました。

　80年代からアメリカのバイリンガル教育の政策面について論文を何本か書きましたが、日本でもいわゆるニューカマーが1990年代に増えてきたこともあり、彼らに対する教育に興味があります。私はオールドカマーが周囲にふつうに生活する神戸市長田区で生まれ育ちました。今は、大阪府内で在校生の30％が外国人というような小学校をフィールドとして研究をやっています。

金：在日の二世です。両親が植民地期にこちらに来て、私は下関から転校

で神戸の長田区のS小学校に来ました。1989年に上の子どもが神戸の公立の小学校に入った時に名前のことですごくからかわれるということがあって、その頃から神戸の教育行政や学校現場とのかかわりが出てきました。大阪には所謂、民族学級や母語教室が沢山あるのに、なぜ神戸の多住地域にはないのかと行政と交渉したりする中で、なかなか前に進まないので、1995年に保護者達が自主的に「オリニソダン」という名前をつけて、つまり、「子どもの寺子屋」という意味なんですが、母語教室をやり始めました。現在はその運営を学校や教育委員会と連携しながらやっています。それが私たちの取り組みの一つの柱です。

　もう一つは在日の歴史を記録していこうということで、写真や生活用具、仕事道具等を集めていくという取り組みも平行して進めています。

松田：ありがとうございました。では、最後に私ですが、兵庫県立大学の経済学部の教員です。もともと、オーストラリアの言語教育政策を研究していて、日本のことも調べたいと思っていたのですが、1995年の阪神淡路大震災の後、外国人の方々がどういう状況だったかと調査している中で、避難所になっていた神戸市の小学校に中国語の母語教室があることを知りました。この教室の存在が、震災の時も含めて、いかに学校にとって大きなものだったか、そのインパクトについて知るきっかけとなりました。この研究会を立ち上げたきっかけは、ちょうど兵庫県が母語教育支援センター校を作るという動きがあったことで、以後、母語に関する研究を続けてきたわけです。

　では、まず、大阪から参加していただいている友沢先生の研究のお話から伺いたいと思います。

友沢：小学校と高校に分けてお話します。小学校は大まかに言いますと、一つの小学校の1年生から6年生まで見ていますと、総じて言えるのは、日本生まれが圧倒的に多くなっています。あまり豊かな地区ではなくて、日本人も、大阪弁で言うところの「しんどい」という家庭の子が多いです。この小学校は、中国の子どもが外国ルーツの子どもの95%を占めるのです

が、親の学歴は小卒、中卒が普通で、高卒もいますが、大卒はほとんどいません。こういう家庭環境であることはこの7年間で変化はありません。当初は中国残留邦人、つまり引揚者や帰国者の孫やひ孫が多かったのですが、最近は技能労働者というか、技能ビザで入ってくる人で、中国料理のコックさんが多いです。ただ、一度も料理をしたことがない人もいて、工場で働いています。そういう派遣のルートがあるようです。

　親の日本語力はさまざまで7割の親が日本語が十分にはできません。3割は会話力があり、読み書きもできる人は時々います。1年生の17名を調べた資料がありますが、家庭言語は両親とも日本語ができても家では中国語を使っているという例もあれば、親が日本語がほとんどできないのに家庭内で子どもとは日本語を使用すると答えている親もいて、そもそも両親とのコミュニケーションが圧倒的に少ない。共働きの家庭がほとんどで、月曜から土曜日まで両親が朝早くから仕事に出かけ、子どもが寝るころに帰宅するという家庭も少なくない。その間は祖父母や近所の親戚のところでご飯を食べることが多いのです。小学校の先生に言わせると、昼の給食が唯一のちゃんとした食事である家庭もあるようです。給食をたくさんお代わりするので、日本人の子どもと喧嘩になることもあって、なかなか厳しいです。傾向としては、親も子も中国語でしっかり会話するという家庭の子どもの方が、日本語力についても学年相応の力を持っている割合が高いです。親が日本語の読み書きができる家庭では、中国語はほとんど使用されず、日本語のモノリンガルになっている場合があり、子どもの日本語力については学年相応であることが多いです。問題はこの両者の間にあるさまざまな言語使用のケースです。親は中国語で子どもは日本語、そして二言語の使用の割合はいろいろです。親も子どもも日中二言語の混合使用という家庭は同じことをリピートして話していることがあります。話題も日常生活の範囲内で繰り返しの多い会話しか行われないと、子どもの認知力を育む土台となる言語力は育たないし、親が持っている中国語能力も活かせないので、問題が多いとされます。

　学部から留学生として来日し、神戸大学の大学院を修了した中国の方が、小学校の教員免許をとって、この小学校に着任しているのですが、彼

女が来てから、がらっと変わりました。すべての情報を中国語に訳して書面にして子どもに持ち帰らせたり、親からの電話も中国語で受ける。頻繁に電話がかかってきて、「どうしたらいい？　こういうことは？」というのに対応するようになって、忘れ物が少なくなったり、保護者会や運動会など親が学校行事に参加することも増えたりとか、ぐっと親のコミットメントが増えました。ただ、本当にその女性教員の頑張りに頼っているところがあります。彼女は直接編入で入ってくる子どもたちに母語を用いて日本語教育をしていますし、日本生まれで不安定な二言語環境にある子どもの取り出しの国語授業、子どもの母語（母語といえないかもしれないですが）である中国語を使った取り組みなども行っています。

　家庭環境を調査すると、家の中に本がない家が多いのです。日本語の本もないし、子どもが読む中国語の本もゼロです。親の読書習慣もありません。新聞を読むこともないし、本を読むこともありません。子どもは親が何か文字を読んでいるのを見たことがないという環境です。ですから、読み聞かせや、本を手に入れることを学校がやっていますが、家庭でももっともっとやっていかなければならないということです。ただ、親が一番よく使える中国語で子どもとしっかりと話すということの重要性は、随時伝えていっていただいています。

　高校に関しては、大阪の府立高校では2017年度から帰国・渡日生の特別枠校が7つに増えます。私立の大学も外国人枠、帰国生枠を作るところも増えて、そこへ入る学生もいて、高・大とつながる傾向も見られます。これらの特別枠の高校で一番大きな課題は日本語の入学試験がないので、日本語ゼロで入ってくる生徒がいることです。数学と英語の試験があり、母語による小論文がしっかり書けていれば入れてしまう。この人たちに対しては、徹底的に集中して日本語を教えています。中学校3年生までしっかり母語での学習歴があって蓄積があれば、日本語ゼロでも物凄く早く伸びるのですね。母国から直接入学する人の方が、日本語は大変だけれども、集中してやれば良い大学へ行ける。一番の問題は、年少時に日本へやってきて、先ほど言ったような家庭環境の中で何とかやって来て、そして特別枠を利用して高校に入れたという場合です。来日時期が小学校4年生以後

でしたら受験できるので、そういう子どもが実は一番大変で、認知力を伸ばす基盤となる言語（日本語でも中国語でも）が弱い。圧倒的に日本語を使う率が高いし、プライベートでも日本語を話しているのですが、ではそれが学習場面で十分に使えるかと言えば、アウトプットの量も質も十分ではなく、学科目理解が十分になされない。では母語に頼れるかと言えば母語にも頼れない。そういう人に対しては、母語による指導という形ではなくて、日本語をいかにうまく入れていくかですね。母語の力をしっかり使ってサポートを高めていくには、もっと早い段階で母語力をしっかりつけていかなければならないし、そのインプットに関しては家庭が重要な位置を占めるだろうと思いますので、早い段階から家庭と協力して取り組む必要があります。

落合：日本語であれ母語であれ、コミュニケーション量が少ないと言語形成に問題が出るということですね。ご両親に対して「ベトナム語で話しかけるのが大事、本を読み聞かせるのが大事」というのは、どの段階からだと間に合いますか。小学校低学年ぐらいでしょうか。

友沢：その前の保育所の段階は、私たちは関わっていないのでわからないのですが、ほとんどの子どもたちは0歳、1歳から保育所育ちで、日本語どっぷりの環境で過ごします。小学校へ入るときに、同じ保育所から来た日本人の子どもたちは、たとえば「あいうえお」を少し勉強して入ってきているけれども、中国人の子どもたちは全然予備知識もない状態で「あいうえお」に入るので、1学期では習得できない。そのような状態で、2学期にカタカナを学ぶことになる。1年生の最初から積み残しが生じます。

現在、中学生になる子どもたち6人が小学1年生の時に調査しました。日本語も中国語も十分ではなく、ダブル・リミテッド（両言語とも十分に発達していない状況）の傾向があるかと心配された子が1人いました。彼女の家は完全に中国語環境で、中国語の方がどちらかというと力が強くて、日本語が弱い。この子は両言語とも伸びないかもしれないと思っていたのですが、中国人の先生がちゃんと教育したのと、親が留守がちで一人

で家で過ごす時間が長く、インターネットで中国のメロドラマをずっと見て、字幕も出るので、それで中国語の読み書きと大人の語彙や表現が入って、びっくりするほど中国語が上手になった。それに伴って日本語力が上がってきて、作文も学年代表に選ばれて貼り出されたりして、「どういうこと、あの子が！」という奇跡的な伸びを示しました。ドラマからのインプットが彼女の趣味と合ったのでしょうね。

　しかし、単にコミュニケーションの量を増やせばよいのではありません。家庭では話すことの内容が限定されるのです。家庭では「シリアの難民問題どう思う？」とかいう話にはならないです。意識的にこういうことを話すとか、親が本の読み聞かせをしてやって、親子でお話しの中の登場人物について話すように努めるという意識でなければ、コミュニケーションの量だけではだめだということです。1年生で調査したときの成績と、5年生になった時の成績とは随分違ってきています。小学校へ入ってからの対応で、やれば十分伸びるということです。もちろん早い方が良いのですが、小学校では遅すぎるということもなく、十分対応できるということです。

鈴木：私は、乳児を抱えている外国人のお母さんが孤立しがちなので、そのお母さんを支援する小さいグループでボランティアに関わっています。お母さんたちに「自分の母語で接していいんですよ」と繰り返し言っています。国際結婚のお母さんは、家庭の中で日本語を使うべきなのか、自分の言葉を使っていいのか、すごく悩んでいる。お姑さんがいたら、お姑さんの言葉を使わなければならないかなと思って自分の言葉を使うことに躊躇するので、そういう時に「自信をもって自分の言葉を使っていいんですよ」、と言ってあげることはすごく大事だと思います。幼稚園に行ったときに、幼稚園の先生から、「あなたの言葉を大事にしてね」と言われることもあれば、「小学校に行ったときに困るから、日本語で話しかけてください」と言う保育士さんもやはりいるそうです。ですから、保育の時期から「母語は大切ですよ」と語っていく流れを作ることは必要だと思います。そうした主旨を持って、お母さんたちをサポートしようというグループがいく

つかできていると聞いています。

金：私は所謂オールドカマーの立場なのですが、今お話を聞いていて、保育所や幼稚園のころからですね。うちの子どももそうだったのですが、保育所に入っていくと、最初家では親のことを「オンマ、アッパ」と朝鮮語で言うのですが、保育所に行きだすと呼び方がみんなと違うなとなってきて、「お母さん」と言い換えていくのです。その時に保育所の職員の側が、「オンマと言っていいのよ」という環境を作るのがとっても大事です。お話を聞いていてそれを思い出しました。

　オールドカマーの立場から言うと、教育委員会や現場との話し合いの中で教員の方がよく言っていたのが、「在日コリアンの子どもたちに何の問題があるのですか。親も地域にとけこんで、経済的に成功されている家庭もあるし、全く問題ないじゃないですか。心配なのはベトナム人の子どもたちです」と。ちょうど二十数年前、現場にベトナムの子どもたちが増えつつある頃でした。ベトナム人の子どもは何が心配なのかと言うと、日本語ができないということももちろんだけれども、日本語を習っていくとどんどん母語を忘れていく、そのことがとっても心配だというわけですよ。在日コリアンの子どもたちは忘れるのではなくて、あらかじめ奪われてきたわけなのですが、そこの認識には至らないのです。奪われたルーツのことばをどう取り戻すのかという、根本のところがやはり今もって確立されていないということがあります。

　われわれが教育委員会と話をしていても、日本の公立学校の中でなぜその場が必要なのかとずっと言われてきて、延々と10年ぐらいその話をしても、なかなか埒があかないので保護者が自主的にやってきたということがあります。母語の大切さを教育行政がどう保障して行くのかが根本的な問題としてあります。神戸で母語教室をするのに、当時は学校すら借りられませんでしたから。空き教室は沢山あるのですが、外国籍の子どもに特定するのなら貸せない、だれでも参加自由なら貸せますという枠があったり、貸すのなら有料になると言われた。そんなところから話をしていって、最終的には学校現場で母語教育が大事だということで、神戸の場合は蓮池

小学校とだいち小学校に母語教室ができました。

　今はほとんど4世ですね。先ほど絵本とか話しかけという話がありましたが、4世になると親自身が喋れない、書けない、読めない、という状況の中で、そのことの大切さをどう動機付けすればよいのか。私たちは毎年、母語教室の案内チラシを1万2千枚配るのですが、反応は0.1%あるかないかです。これは単純に世代を経てきた結果ではなくて、自分たちのルーツに繋がる言葉を学ぶ場の大切さを認めなかった歴史的経緯や施策があったためです。自分たちの継承語を4世世代の子どもたちにどう伝えていけばよいのか、悔しい思いがありますね。一方では、つい最近この地域の中1の韓国にルーツのある子どもがいきなり事務所に訪ねて来て「韓国語を勉強したい」と言いました。「とにかく勉強したくてたまらない、一日中でも勉強したいし、今すぐでも韓国に行きたい」と言って、一日中ハングルの海に浸りたいという欲求で来た子がいました。この子は今、週2回来ていますが、先ほどのドラマの話ではないですが、凄い速度で覚えていっています。ですから、一方ではそういうところの欲求を自分たちが今までどう拾い上げてきていたのか、と改めて悩みながら取り組んでいます。

松田：そうですね。二つの大きな柱として、親も話さないという継承語というところの問題と、今、毎日の生活で言葉で困っている家庭の問題、思考するための言葉ができていなくて前に進めない子どもたちの問題があって、その間にグラデーションが沢山あるわけですね。この二つの問題は全く違う問題ではもちろんない、根っこは同じ問題なのだけれども……。

　当然、考え方は違うとは思うのですね。でも共通項として、今そこにいる子ども達にしても、「どうして母語がそんなに大事なのですか」と常に聞かれるわけですよね。「日本語でいいじゃないですか」と。行政の立場からはなんでそんな数パーセントしかいない子どものために教育リソースを使うのかと言われますよね。それをどう私たちが説得するのか、というのも大きな議論のポイントかなと思います。

友沢：親と子どものコミュニケーションを一番成立させやすいのが母語

だというのであれば、母語教育は必要だということになるのではないですか。

野津：私は比較教育をやっていて、アジアの多文化教育について、韓国とタイと台湾と日本の４ヶ国を比較してみると何が見えてくるか、ここ数年やって来ました。そこで分かったことは、人権という考え方がアジアには浸透してきていることです。移民の子どもに人権保障の視点から教育を与えねばならないと主張されてきています。この４ヶ国では1990年代からずっと移民が増えてきまして、2000年代に入ってから移民の子どもの教育を支援する法律や制度がどんどんできています。一番先端的なことをやっているのは、この４つの国の中では台湾だと僕は思います。台湾は母語教育を必修化していく政策が展開しています。台湾の母語教育としてはベトナム語が多いです。

　４ヶ国では移民労働者の子どもも増えてますが、国際結婚した親の子どもが増えています。韓国と日本は似ていて、自治体とか民間団体の支援事業が主体となっています。韓国はキリスト教会も支援をしています。タイは少し遅れているのですが、４ヶ国を比べてみてわかるのは、子どもが母語教育を受ける権利があるという理念がアジアに浸透してきているということです。人権が一番大きなバックボーンになって、子どもの教育にとって何が必要かと言ったときに、もし母語が一番大事な手段であるなら、母語教育を保障しましょうという論理の展開になっているのだと思います。

友沢：台湾は、移民として正式に入れていますか。

野津：二つあって、韓国でも同じですが、国際結婚で入ってくるお嫁さんが移民の中の半分おられます。もう半分は労働者としての移民ですね。

友沢：国の政策として移民労働者を受け入れるということですね。そうすると政府が関与しなければならないと位置づけられている……。

松田：それは大きいと思うのですね。私は日本で何が問題かというと、移民を入れないというのが原則なので、国が関わる問題ではない、というスタンスですね。そこが非常に日本の大きな問題で。

友沢：韓国もそうですけれど、国が政策を出して受け入れていることが大きいかなと。日本の場合は中途半端というか、誰が受け入れ責任の主体なのか、わからないというか、わからないようにしている、ということはありますね。

久保田：移民という言葉は使わないとしても、労働者としては受け入れているわけですね。日系ブラジル人、日系ペルー人、それから介護の問題ではインドネシアやフィリピンから。そして、フィリピンからは、ビザの関係で今度はエンターテイナーではなく家事労働者として。労働者の足りないところを埋めるためにいろいろな政策で入れている。その中で国際結婚があって家族ができるというのが分かっていながら、労働者として入れている。そこでできた子どもたちへの手当てをどうするかというと、文科省は積極的に関わっていない。日本人ではない、日本国籍ではないからというので現場に任せっぱなしになっているのが日本の現状ではないかと思います。

友沢：おそらく、労働者というのは個人が来て稼いだら帰るもの、家族を形成するものまたは長期滞在、定住ということを考えていない、考えていないふりをしているということなんでしょうね。すぐ帰るから責任はないと。

久保田：そう、手当てが後手後手になることに大きな問題があると思いますね。

吉富：違う切り口で言ってもいいですか。私が最初に少し言ったように、自分の子どもが学校へ行き出した時に、日本の学校教育が多くの課題を抱

えていると感じたのですが、「同じものが正しい」というベースが日本にはありますよね。それがとても息苦しいとか、そういうこと自体がまず日本にありますよね。それが問題だと思うのです。友達と少し違うとアイデンティティに自信が持てないという、外国人であるなしに関わらずね。それではみ出していく子が一杯いるわけです。しかも日本はみんなが日本語を喋る国だと思っているから、ラテンアメリカの国々と違って、二つ以上の言語が共存するということをイメージできない。日本だから日本語、はみ出したら自信を失うかもしれない、同じでないと安心できない、そういうベースを変えたいと私は思っているのです。それを変えるために、私たちは実質として、どうやったら文科省が公的な支援を使ってでもこの状況は変えないといけないと考えるか、という切り口を考えなくちゃいけないと思います。たとえば金さんがおっしゃったように、4世になって親もお祖父さんも日本語になっていて、その子たちにとっての継承語もとても大事なのだけれど、そこは自己責任でしょうと言われてしまうわけです。歴史を紐解くと日本の責任なのだけれども。

　そこからスタートするよりは、今、親が違う言葉をしゃべっていて、子どもが両方の言語で育って行く、この言語形成途上の子どもを見て、そこを切り口にして、「ほら、その子は両方の言葉をしゃべれなくなるじゃないですか」、「教育を受けられないこの現状をどう考えるのか」と言っていった方が、道を切り開いて行けると私は思います。まず、言語形成途上にある子どもがちゃんと言語を習得できるようにするということをどんどん攻めていくことによって、言語というものはそうやって二つ以上共存できるとか、そのことによって考える力がつくとか、それがまたアイデンティティを育てるとかいうことになるし、その子たちを見ているまわりの日本の子たちもいろいろ気付いて、「あ、自分が他の人と違っていてもいいんだ」とか、先生も多様性の大切さに気付く。そういう認識を現場の先生と親に広げたいのです。親に広げるためには当事者の動きが絶対に必要なわけで、だから私たちの活動の中では子どもたちの親にあたる人たちの自立支援、外国人コミュニティの形成からスタートしました。一緒にそのような活動をすることで日本社会の中の教育環境を変えることになるし、それ

は継承語としてアイデンティティを築くことにもつながる。それは、これからの日本を考えるうえで大切なことでしょう。ただ、継承語については押し付けることではないと思うのです。4世になった人たちに絶対しなくてはいけないということではないと思うのです。してもいいと選べる雰囲気や考えをみんなが持つ社会にするということが大事だと思います。日本語は自分の言葉だけれども、継承語としてこの言語をやりたいと思ったときに、歴史的にもいろいろな責任もあるし、サポートする義務があるということにやっと意識が行くのだと思うのです。でないと、継承語については自己責任だと言われてしまうのですよね。

　もう一つ、現状を変えていくために有効だなと最近私が思っているのは、帰国子女の人たちの言語形成の問題です。たとえば、インドネシアだとジャカルタには日本人学校がありますが、ジョグジャカルタにはないから、みんな現地の学校にお世話になって、現地学校の先生に協力してもらって日本語という母語を育ててもらわなければならないわけです。それを日本に置き替えたら、「日本だってそういうことをしないといけないのに、していないでしょう？」となるわけです。二本立てで、先ほど野津さんがおっしゃったように、子どもの教育を受ける権利が日本人だけではなくて、日本の外にいる日本人だって権利があるし、日本にいる外国ルーツの子どもたちにも権利がある、とつなげていきたいなという風に思っています。今は目的に向かって長い時間がかかるプロセスの最初の段階の時期だと思います。今はできるだけ多くの人と課題を共有して、親も巻き込んでいきたいと思っています。そこから派生するいろいろな問題もいっぱいあるし、それを拾って行けば、変えなければならないことがたくさんあることに気づきます。そこで、言語形成について考えることが押さえるべき一番のポイントだなと私は思っています。

乾：母語を伸ばすメリットを説明する時、「思考能力が伸びない」というと一番わかってくれます。母語は学力にすごく影響するということがポイントです。

吉富：そうです。友沢先生たちの研究成果が示しているように、親が自分の言葉で子どもとしっかりコミュニケーションをとって、学校での日本語と相互に補完し合うことで、日本語であっても外国語であっても、とにかく一つ以上の言葉をしっかりやった子どもはどの言語も伸びやすいという、これをしっかり示さないとだめではないかと思います。

乾：もう一点、行政に理解してもらいやすい点は、教育を受けないと将来の収入が少なくなる、そうすると生活保護の受給率も高くなる。では今、投資しておこうよ、という説明です。つまり、もう一歩進めて、日本人にもメリットがあるのだよと言うと、行政の方にも分かっていただけますね。
　母語を伸ばして日本語も話せるバイリンガルになると、日本人の子どもたちにも良いモデルになりますよね。国際化にもグローバリゼーションにもつながるので良い方向に考えていきましょうと、プラスイメージで語ると解っていただけるかなと思います。

松田：今のお話の関連でいうと、説得力を持つためにはデータが必要だと私は思っています。検証することが必要。二つの言語を学ばせるのは無理だから日本語だけに投資をした方が良いと思っている人が圧倒的に多いのです。でも、両言語をやることで両方とも伸びる。それが将来のいろいろなメリットになり、学力も伸びる。そこを言おうと思ったら、もっといろいろな角度から検証しないといけないわけですよね。

友沢：大阪は本当に中国や韓国の観光客が多くて、その人たちが地下鉄を利用するときに、難波や梅田など観光客の多い複数の駅で、地下鉄通訳ボランティアを中国語が母語の高校生がやりました。やってみたら物凄く良かったのですね。観光客も喜んだし、地下鉄の職員さんも助かった！ということで。そこの高校では「中国語ができるとこんなことができる」となって、また、「こんなことを聞かれて答えられなかったからもっと勉強しなければ」、と生徒も中国語を猛勉強し始めるのです。モチベーションが上がりますよね。この通訳ボランティアの企画をした高校の先生も「特別枠を

作ってやってきたことは良かったのかな」とその効果を実感しておられました。

松田：では、このへんで「どうやって」母語学習支援をするかということも大きな課題なので、そちらの方にシフトしたいと思います。モチベーションを高めるのが第一の条件だと思いますが、それが大変難しい。

落合：「異なることは劣位になる」という教室の中では、子どもたちが母語能力を隠してしまったり、母語能力を持っていることを嫌がってしまう傾向があります。母語教室をやっていると、小学校1、2、3年生ぐらいはとても喜んで来ているのに、4年生になると母語教室に来ることに疑問を持ち出す。母語教室で先生や友達と人間関係ができていれば続けるけれど、先生が転任してしまうともう行かないとか、みんなの前で母語教室に誘わないでほしいという状況になってしまって、運営の難しさを常に感じてきました。

　私は母語教育やアイデンティティの支援が大事だと思うし、母語のできる子は成績もよいことを学校現場の中で実感しています。母語指導者や先生が母語を大切に思う熱い想いとは裏腹に、母語教育へどうやったら動機づけができるかという課題があります。母語学習者は本当に多様です。ベトナム語が母語ではなくて継承語になっている子もいます。ニューカマーの子もいます。小学校高学年から中学校の間ぐらいが魔の期間で、多くの学習者が母語学習にマイナスの気持ちを抱いてしまう。そんな中で、どうやってみんなが「ああ、来週も行きたい」と思えるようにできるのかは大きい課題だと思っています。友達がいるから行くとか、お菓子があるから行くとか、周辺環境で釣って母語教室をやっているのだけれど、そうではなくて、母語学習を本当に楽しくする教材はないのだろうかと考えるようになりました。

　この学校では母語教室は課外活動で、週に一回、6時間目と7時間目にやっています。その中で、子どもたちをどう惹きつけられるかを考えて、iPadを使ってバイリンガルのビデオレターを作成し、ベトナムの子どもた

ちと交流する活動をしています。(注:詳細は本書第4章を参照)作ったビデオレターの上映会をしたり、保護者会で先生と親の前で上映したのです。先生は、それまで子どもたちを日本語の部分でしか評価していなかったのに、「ああ、この子はこういうベトナム語の部分があったのね」と気づき、評価してくれました。アンケートから、子どもたちがベトナム語を喋り誰かと繋り、まだ見ぬコミュニティとつながっていくことを知り、出来上がったものをお父さん、お母さん、クラスのみんな、先生という身近な人に見てほしいと考えていることがわかります。

　ビデオレターのように、やろうと思うスイッチを押す学習環境ができて、自分が何かを発言することでみんなとつながる経験や、みんなにそれを見てもらえる経験は大切だと思います。

松田：もう一つ、私たちがやっているのが、ホームページの作成です。これについて久保田さんからちょっとお願いします。

久保田：今回の研究の一環で「多文化な子どもの学び」というタイトルで多言語でホームページを作りました。そのホームページにグーグルアナリティクスという分析ツールを使って、アクセス状況も調べています。(注:詳細は本書第5章を参照)国内の各地、海外からもアクセスされていることがわかりました。

　課題は、内容がちょっと堅いかなということと、今後の継続維持についてです。それから、ベトナムからはベトナム語のページに直接アクセスしているので、やはり多言語で見られているのがわかります。それだけ多言語ページの有用性はあるかなと。ですから、フィリピノ語も早急に作らなければと思いました。あとはタブレットなどICTをどう使うかです。さっきのビデオレター作成や作品の公開に利用したり、視聴者のコメントを子どもにフィードバックして子どもの動機づけを高めたり、そのような相互作用を担保した子どもの学びのサイトを作って、日常の変化を可視化すると良いと思いました。

松田：ありがとうございました。鈴木さんが作られた「ハーモニカ」のサイト（<http://harmonica-cld.com/> 参照）のことを少しご紹介いただけますか。

鈴木：「ハーモニカ」は多言語の環境で育つ子どもの支援、特に母語習得の支援に関連するいろいろな情報を集めたポータルサイトです。もともとはOBCワークショップのあとのネットワーク作りが目的でした。専門家ではない人が常に学び続けたり、交流し続けたり、知識を更新できることを考えました。OBCワークショップに集まってきた方たちというのは、学校現場の教員は少なくて、どちらかというと教育の専門家ではない支援者の方が多く、子どもを目の前にして「どうやってこの子たちを教えたらよいのか」と悩んでいたので、さまざまな情報を整理して提示できたらと思い、このサイトを作りました。

　それから、中島和子先生が今（2016年3月現在）「ハーモニカ」の次のステップとして考えているのが、リミテッド状況（多言語の環境に育ち、どの言語も発達途上であるため、年齢相応の教科学習に困難を伴う一時的状況。中島和子氏の定義による。）の子どもたちのための相談室を作ることです。将来どう発展するかわかりませんが、しばらくはポータルサイト「ハーモニカ」の中に「リミテッド状況相談室」のウェブサイトを埋め込んでおき、ここを窓口にオンラインで保護者や支援者からの相談を受け付けるシステムを考案中です。

　学校の先生や学校現場と保育士養成や教員養成の世界に、母語の大切さが浸透していくことが必要なので、それらの世界に「ハーモニカ」の情報をリンクしてもらうのがこれからの課題です。関係者の皆さんにとって、母語が大事だということはかなり浸透していると思っています。ハーモニカが小中高を含めた学校現場と保育の世界の関係者のために、さらにその方達をつなぐために役に立てばいいなと考えています。

野津：タイはミャンマーとカンボジアに国境を接しているのですが、ミャンマーから移民労働者が不法労働者も含めて300万人ぐらい入ってきてい

ます。タイの国境付近にミャンマー籍の子どもたちが通う学習センターのようなもの、日本で言えばブラジル人学校やペルー人学校のような民族学校が無認可で沢山出来ていて、NGOが支援しています。そこへマイクロソフトとユネスコとTRUEという携帯の会社が連携して、多言語の教材を埋め込んだタブレットをタイに来たミャンマー人の子どもたちが通っている学校に配布しています（注：詳細は本書第7章を参照）。私が今一番興味を持っているのは、タイの例にあるように、多文化教育や言語教育に企業をどういう風に巻き込んで連携するかということです。これまで行政やNPOとは随分やってきましたが、企業を活用するということも必要かなと考えています。

松田：では、それも次の課題ですね。企業の支援も必要と。吉富さん代表のグループとして私たちはトヨタ財団の支援を受けて母語関係のプロジェクトをやっています。そういう財団や企業などいろいろなところに働きかけて、ファンドや人も巻き込んで、ネットワークを作って行く。そのためにも地道にHPを作ったり、リンクを作ったり、いろいろなところで発表して行くのも重要かなと思っています。

　最後になりましたが、高校進学のことで、何かコメントがありますか。

乾：今年、兵庫県は高校進学特別枠を作りましたが、大阪と違い3校で9人しか枠がないのです。それも、基準になる学力が高すぎる学校もあって入れないようです。（注：詳細は本書第6章を参照）

友沢：これから教育委員会と定期的に勉強会などを持って良い制度になって行ったらいいですね。

松田：今日はみなさんから非常に貴重な意見を頂きました。これを参考にして、次のステップを考えていきたいと思います。どうもありがとうございました。

終　章

多文化児童とグローバル人材

落合　知子

1．多文化児童の母語と学力

　多文化児童の学力形成には母語保持支援が有効であるといわれている。筆者は神戸市の公立小学校に設置されたベトナム語母語教室において2006年より母語教室への観察に通い、2011年より2015年までの5年間は母語教室での観察を行う傍ら、支援員として、通常の授業の支援に入り、一般生徒と多文化児童の学習支援を担当した。同時に2014年から16年までの間、14名の高学年の児童や担任教諭への半構造的[1]な聞き取り調査を行った。その結果、母語学習に積極的な児童[2]6名は通常学級での教科学習の評価も高い傾向が認められた。また通常の授業、母語学習への双方の積極性に問題が見られた児童も2名おり、いずれの児童も成長期に家庭の事情で親との会話が十分に行えなかった時期を持つなど母語育成に課題を抱えていた。

　さらに母語教室開設以来の11年間、母語教室に参加した55名の子どもたちのうち4家庭6名の子どもたちが学校での母語学習の取り組みと呼応するように、家庭でも保護者による意識的な母語教育を受けて会話力だけでなく識字能力の形成も認められた。この6名は通常クラスでも特に優秀な成績を収めているとその時々の担任に評価され、そのうち3名はインタ

1　半構造化インタビューとは事前に大まかな質問事項を決めておき、回答者の答えによってさらに詳細にたずねて行く簡易な質的調査法のこと。
2　母語学習への積極性は発言回数やOBC語彙テストによって評価した。教科については担任に3段階で評価してもらった。

ビューからもベトナム人であることに誇りを持っている様子がうかがわれ、インタビューを行わなかった2名は大学への進学を果たし、学業的に成功を収めている。[3] このことから、学校での母語支援と家庭での母語教育の相乗効果が、母語能力を維持したうえで学習言語を習得する加算的バイリンガル[4]の子どもたちは自らのベトナム人としてのアイデンティティを育み、学業においても優秀な成績を残す、そのような現場の「実感」が得られた。

　家庭での意識的なベトナム語支援が認められなかった子ども達についても学校での母語教室での経験を通じて、より親との会話を活発にしてベトナム語を身につけようとする態度が観察された（落合, 2015 p.217）。学校での母語学習支援は子どもたちの加算的バイリンガルへの志向をはぐくむ場となると言えよう。真嶋他（2014）もOECDの2006年度の調査結果[5]を引きながら、一般的に移民の1-2世の子どもたちは学力的に不利に陥りやすいにもかかわらず、母語学習が制度的に行われているオーストラリア（第9章参照）、カナダ（第10章参照）においては、移民の1-2世の子どもたちはその土地の子どもたち（以下ネイティブと表記）と大きく変わらない、カナダに関しては移民2世がネイティブの子どもを微妙に上回る学習言語の読解力を示していることを紹介している。

　このカナダとオーストラリアの事例から真嶋たちは「やり方によっては、移民の子どもも現地の子どもと同じ程度によくできる」（真嶋, 他, 2014 p.1）と指摘し、日本においても多文化児童への教育的配慮をすることで母語を喪失させずに、加算的バイリンガルを育てていくことの重要性を訴えている。

　しかし、実際日本においては加算的バイリンガルとなり、高い学業達成を示す多文化児童は多数派ではない。本書第6章でもとりあげられたよう

3　6名中残り1名は現在低学年でアイデンティティ形成や進路については、今後の観察がまたれる。
4　加算的バイリンガリズムとは母語の上にもう一つ有用な言葉が加わり、アイデンティティが崩れない2言語接触の状況（中島 2001）のことを指す。
5　OECD2006年の調査結果に関してはOECD（2007）のp.48に詳しい。

に、様々な取り組みを経て、改善には向かっているが、日本人児童と比較して高校進学率の面で格差を解消できずにいる。

多文化児童が加算的バイリンガルへの道を歩み、学習思考言語を形成し、父母とのコミュニケーションを維持し、健全なアイデンティティを形成するために、母語の学習は重要な意味を持つ。しかしそれが日本において学校現場・家庭に共通認識として受け入れられるまでには至っていないことを現在の多文化児童の高校進学率は示しているのではないだろうか。

２．多文化児童の可能性

外国にルーツを持つ多文化児童の多くは幼少期より家庭と学校の２つの言葉、文化の間を日常的に行き来し、時には祖国との間を行き来している。もしも日本の学校が彼らの持つ資源である母語能力や祖国とのネットワークなどを肯定的に評価し、家庭と連携を取りながら、多文化児童の母語能力を健全に育成出来たらどうであろうか。

そのことによって多文化児童に、個人的利益である学習思考言語の形成、アイデンティティの安定、親子のコミュニケーションの確保、将来の選択肢の広がりなどをもたらすであろう。しかし、それだけでなく、その周囲の友人や学校、あるいは社会や経済にも大きな利益をもたらす可能性がある。例えばクラスメートは身近な友人の夏休みの帰省先として具体的に、外国を感じることができ、多文化児童の経験は国際理解教育、地理教育の資源を教室にもたらす可能性がある。

実際、私がフィールド先としていた公立小学校では学校内に多く存在するベトナム系・韓国系の子どもたちの文化や言語を学ぶ機会を１年に１か月間、総合学習の時間として持っている。

たとえば４年生は「ベトナムの言葉を知ろう」という活動を通じて、ベトナム系児童のベトナム語能力を活用しながら教室のすべての児童を対象に「言語意識教育」と通底する教育を行なっている。「言語意識教育」とはEUで実践されている試みで、多言語に触れる機会を児童が持ち、言語への多様性に気づき、言語学習への関心を持たせ、国語教育から外国語教育への架け橋となる教育のことを言う（落合, 2015 pp.223-226）。教室に存在

する母語を学ぶ多文化児童の存在は、全ての子どもに様々な教育資源をもたらす可能性がある。

また多文化児童が将来、祖国との懸け橋になって働くことは多文化児童の生きる社会に大きな経済的利益をもたらす可能性もある。カミンズはカナダでの母語学習の有用性を語る以下の文書を引用し、移民言語を学ぶ意義を主張する。「世界市場では多言語能力が勝者と敗者を分けるという事実を謙虚に受け止めるべきである。英語は確かに商業・科学の共通語ではあるが、英語で成立する取引よりも、イタリアではイタリア語、フランスではフランス語、ドイツではドイツ語で成立する取引が多い（カミンズ, 2005, p.95）。」

世界経済での国際競争力の確保のためにも母語話者の母語能力育成は重要であるというのである。同時にカミンズはオンタリオ州ギリシャ系カナダ人同盟の試算として「もし2000人のギリシャ系カナダ人の若者が外交・商業で国際的に活躍できるほどのギリシャ語能力を維持していれば、カナダにとって2億ドルの価値がある」という金額を示し、言語資源は石油や森林同様の経済的資源であると説く（カミンズ, 2005, p.96）。

このように外国につながる子どもたちの祖国とのつながりは本人の将来の可能性を開くためにも、周囲の日本人児童の世界を広げるためにも、将来外交やビジネスの現場で働く「グローバル人材」を社会が確保するためにも非常に重要な社会、経済資源になりうる、と言えよう。

3. グローバル人材とは誰か

現在日本では「グローバル人材の育成」という言葉が高等教育の重要課題として語られるようになって久しい。文部科学省は2011年の大学の「世界展開力強化事業」、2014年の「スーパーグローバル大学創生支援」など、留学の促進・講義の英語化などによる大学の教育・研究の国際化（主に英語化）に向けた補助金事業により、競争的に日本の大学を「グローバル人材の育成」の場に改革することを奨励している。

しかしそのグローバル人材とは誰をさすのか。加藤は政府や経済団体の

想定する「グローバル人材」は「男性」「特権層」[6]であり、文部科学省が行うグローバル人材育成事業が日本社会の中枢に位置する日本人の特権層を想定した施策になっていると指摘する（加藤, 2016, pp.180-183）。

　再び問う。グローバル人材とは誰であろう。

　日本人特権層の若者を英語が堪能な人材に育てるために教育に巨額の資金を投入するだけでなく、今まさに日本社会で育ちゆく、外国にルーツを持つ多文化児童が少数者の権利として母語学習・母文化学習の機会をもつことで、彼らが親子の断絶を回避し、持てる力を発揮し、彼らがその言語資源をもって活躍できるように学校や社会の認識・制度を整えていくこともまたグローバル人材育成の、実効性の高いプロジェクトではないだろうか。そして多文化児童の友として育つ日本人児童が異国を身近に感じ、自らの持つ日本文化を教室に、日本社会に、世界に、数ある文化のうちの一つと相対的に理解し、他者に興味を持ち、他者を受け入れる素養を育てることもまた、国際協調時代に必要な「グローバル人材」の育成ではないだろうか。

　少数者である多文化児童の母語による学習保障という権利が守られることは、その他の多数者にも恩恵を波及する。少数者の権利を侵害しない公正な教育の在り方がグローバル社会を生きる人材を生み出すうえでも求められていることを指摘して、筆をおきたい。

参考文献

カミンズ, J. & ダネシ, M.（中島和子、高垣俊之訳）(2005)『カナダの継承後教育——多文化・多言語主義を目指して』明石書店.
加藤恵津子 (2016)「第2章『自分探し移民』と『グローバル人材』-＜自分＞と＜企業＞をめぐるジェンダー・階層」加藤恵津子／久木元慎吾『グローバル人材とは誰か-若者の海外経験の意味を問う』青弓社
真嶋潤子, 櫻井千穂, 孫成志, 于涛 (2014)「公立小学校における低学年CLD児への言語教育と二言語 能力：中国語母語話者児童への縦断研究より」『日本語・日本文化研

---

[6] 加藤 (2016) は「特権層」を「偏差値が高いとされる大学（院）を卒業し、専門知識・技術をもって大企業や中央官庁に雇用される男性を頂点とする」（加藤 2016, p.169）と定義している。

究 24』

中島和子（2001）『バイリンガル教育の方法 – 12 歳までに親と教師が出来ること – 』（増補改訂版）アルク．

落合知子（2015）「第 9 章　継承語・継承文化学習支援と異文化間教育の実践」西山教行・細川英雄・大木充（編）『異文化間教育とは何か – グローバル人材育成のために – 』くろしお出版．

OECD（斎藤里美・木下江美・布川あゆみ訳）（2007）『移民の子どもと学力 社会的背景が学習にどんな影響を与えるのか』明石書店．

執筆者プロフィール（あいうえお順）

乾　美紀（いぬい　みき）
兵庫県立大学環境人間学部准教授。関西学院大学卒業後、日本語インターン教師としてアメリカに渡る。ベトナム戦争に巻き込まれ、アメリカに渡ったラオスの難民に出会い、マイノリティの子どもの教育に関心を持つ。ウィスコンシン州大学ラクロス校で修士課程を終え、再び教鞭を取った後、神戸大学大学院国際協力研究科博士後期課程に入学。ラオスの少数民族の教育問題を研究し、博士号を取得。現在ラオスに教育支援を行う学生国際協力団体「CHISE」の顧問や外国人の子どものための学習支援NPO「こうべ子どもにこにこ会」の運営委員を務めている。

落合　知子（おちあい　ともこ）
神戸大学国際人間科学部設置準備室　Global Studies Program コーディネーター（2017年3月まで。／4月から同学部准教授）。
筑波大学大学院修士課程環境科学研究科修了後、青年海外協力隊員、NGO職員としてケニア、東南アジアの教育支援に従事する。その後神戸大学大学院国際協力研究科に入学し、日本国内の多文化児童の表現活動、アイデンティティ支援、母語教育支援に関する研究と活動に携わり、博士号を取得。現在、現職を勤めるかたわら一般社団法人神戸コリア教育文化センター専門委員を務め、神戸市内のS小学校ベトナム語母語教室の運営支援にあたっている。

北山　夏季（きたやま　なつき）
関東国際高等学校教員。旧大阪外大（現大阪大）在学中に専攻であるベトナム語を学ぶためベトナム留学。帰国後、大阪府八尾市にある公立小中学校で日本語補助員としてベトナム系児童生徒に関わり始める。大阪大学大学院言語文化研究科在学中、「在日ベトナム系児童生徒の母語教育」に関心を持ち始め、博士後期課程進学後、同テーマについて研究を始める。その傍ら、神戸のベトナム人自助NGOにスタッフとして入り、母語教室コーディネーターをしながらフィールドワークを始める。6ヵ月後、米国に渡り、カリフォルニア州サンディエゴのベトナム語母語教室で講師を務めた。帰国後、上記のNGOの母語講師をスタートし、兵庫県教育委員会母語支援事業でもベトナム語講師を務め、10年間ベトナム系児童生徒にベトナム語教育を行なってきた。現在は日本語を母語とする高校生を相手にベトナム語を教えている。

久保田　真弓(くぼた　まゆみ)
関西大学総合情報学部教授。東京理科大学数学科卒業。その後、青年海外協力隊で理数科教師としてガーナへ。それが契機で異文化コミュニケーションに興味を持ち、インディアナ大学スピーチ・コミュニケーション研究科にてPh.D取得。専門は、コミュニケーション論、非言語コミュニケーション。ゼミ生とのフィリピンへのスタディツアーから「経験」「教育」「ICT活用」に着目した学習環境デザインについて研究をしている。価値観等人々の「違い」をいかに活かすかを常に念頭に置き、活動している。共著に『異文化コミュニケーション論―グローバル・マインドとローカル・アフェクト』(2012)松柏社がある。

中山　尚子(なかやま　しょうこ)
国立大学法人事務職員。現在は、国際課にて留学プログラムの企画運営等に携わる。神戸大学国際協力研究科修士課程修了。たかとりコミュニティセンターの「Re:C多文化な青少年の活動」に関わったことをきっかけに、修士課程在籍中には、様々な国の文化をもつ子ども達の言葉とアイデンティティの問題や日本における外国人児童生徒への教育問題に関する研究を実施した。

野津　隆志(のつ　たかし)
筑波大学大学院修了(教育学博士)。タイでの日本語教師を経て、兵庫県立大学経済学部教授。タイを中心としたアジアの教育を調査研究している。
主な著書：
『国民の形成―タイ東北小学校における国民文化形成のエスノグラフィ―』明石書店　2005年
『アメリカの教育支援ネットワーク』東信堂　2007年
『タイにおける外国人児童の教育と人権―グローバル教育支援ネットワークの課題』ブックウェイ　2014年

松田　陽子(まつだ　ようこ)
兵庫県立大学教授(2017年3月まで。4月から特任教授・名誉教授)。大阪大学文学博士(社会言語学)。オーストラリアのアデレード大学で日本語教育に従事し、多くの言語が小学校から学習されていることに興味を持ち、オーストラリアにおける言語教育政策についての研究を始めた。さらに、日本における外国にルーツを持つ子どもの言語問題に関心を持つようになった。大学では留学生の日本語教育の他、異文化コミュニケーションや多文化共生についての教育・研究も行っている。母語教育に関連する著作として『多文化社会オーストラリアの言語教育政策』ひつじ書房(2009)、等がある。

座談会参加者プロフィール（あいうえお順）

金信鏞（キム　シニョン）
一般社団法人神戸コリア教育文化センター代表理事。在日コリアン2世。子どもへの民族差別を契機に「神戸在日コリアン保護者の会」を結成。同会の取り組みの結果、神戸市立小学校2校に民族教室「オリニソダン（子どもの書堂）」が設置された。数多くの学校現場への「出前授業」や在日外国人教育に関する指針や副教材などの作成に関わる。近年は在日コリアンの家族・生活写真展の開催や長田在日大学を運営し、次世代につないでいく取り組みを進めている。

鈴木　庸子（すずき　ようこ）
国際基督教大学教養学部講師（2017年3月まで。4月から国際基督教大学教育研究所研究員）。国際基督教大学卒業後、青年海外協力隊（日本語教育、チュニジア）に参加。母校の修士課程を修了後、日本語講師として勤務。学生から国際結婚家庭の子どもに「日本語支援」をする方法を教えてほしいと頼られたことをきっかけにOBC（Oral Proficiency Assessment for Bilingual Children）に出会い、多言語環境の子どもの言語発達には母語も現地語も重要であることを学ぶ。2009年よりOBC実践ワークショップ事務局を務め、修了生へのサービスと母語の重要性啓蒙のためポータルサイト「ハーモニカ」を開発。

友沢　昭江（ともざわ　あきえ）
桃山学院大学国際教養学部教授。大阪外国語大学英語科卒業。学部時代は国費研究留学生が日本語や日本文化に触れるのをサポートするクラブ活動に参加。その後、ウィスコンシン大学マジソン校歴史学部で修士課程修了。帰国後は大阪外国語大学留学生別科で日本語・日本文化を教える。その間、1982年には赴日中国政府派遣大学院生の予備教育のため、大連外国語大学に文部省（当時）より派遣される。アメリカのバイリンガリズムを巡る運動や政策への関心から、日本国内の日本語非母語話者の教育に関心を拡げ、母語保持や学力向上を目指す言語政策を考えている。現在は大学の日本語教師養成課程で、次の時代を担う日本語教師を養成中。

吉富　志津代（よしとみ　しづよ）
名古屋外国語大学教授（2017年4月より）。NPO法人多言語センターFACIL理事長、ワールドキッズコミュニティ代表。神戸大学修士（国際学）、京都大学博士（人間・環境学）。外国語大学卒業後、中南米の領事館秘書を経て、1995年の震災後は、外国人救援ネットやコミュニティ放送局FMわいわいの設立に参加、代表理事を務める（2016.3まで）。その市民活動の延長で、主に多言語環境の促進や外国にルーツを持つ青少年育成のための活動を切り口に、多文化共生社会の実現に向けた外国人自助組織の自立支援活動に従事する。その他、大阪大学特任准教授（2011-2016）など。

多文化児童の未来をひらく
―国内外の母語教育支援の現場から

2017年3月31日　初版発行

編著者　松田陽子・野津隆志・落合知子
発行所　学術研究出版
　　　　〒670-0933　兵庫県姫路市平野町62
　　　　［販売］Tel.079(280)2727　Fax.079(244)1482
　　　　［制作］Tel.079(222)5372
　　　　https://arpub.jp
印刷所　小野高速印刷株式会社
　　　　©Yoko Matsuda 2017, Printed in Japan
　　　　ISBN978-4-86584-241-8

乱丁本・落丁本は送料小社負担でお取り換えいたします。

本書のコピー、スキャン、デジタル化等の無断複製は著作権法上での例外を除き禁じられています。本書を代行業者等の第三者に依頼してスキャンやデジタル化することは、たとえ個人や家庭内の利用でも一切認められておりません。